四川外国语大学校级科研项目成果
（项目名称：城市空间形态的经济效应评估及影响机制研究；项目编号：sisu202437）

城市空间形态的
经济绩效评估及影响机制研究

李春之／著

西南财经大学出版社

中国·成都

图书在版编目(CIP)数据

城市空间形态的经济绩效评估及影响机制研究/李春之著.--成都：
西南财经大学出版社,2024.9.--ISBN 978-7-5504-6320-2

Ⅰ.F29

中国国家版本馆 CIP 数据核字第 2024HJ3870 号

城市空间形态的经济绩效评估及影响机制研究

CHENGSHI KONGJIAN XINGTAI DE JINGJI JIXIAO PINGGU JI YINGXIANG JIZHI YANJIU

李春之　著

策划编辑:石晓东　王晓磊
责任编辑:石晓东
责任校对:陈何真璐
封面设计:墨创文化
责任印制:朱曼丽

出版发行	西南财经大学出版社(四川省成都市光华村街 55 号)
网　址	http://cbs.swufe.edu.cn
电子邮件	bookcj@swufe.edu.cn
邮政编码	610074
电　话	028-87353785
照　排	四川胜翔数码印务设计有限公司
印　刷	成都市金雅迪彩色印刷有限公司
成品尺寸	170 mm×240 mm
印　张	10.75
字　数	203 千字
版　次	2024 年 9 月第 1 版
印　次	2024 年 9 月第 1 次印刷
书　号	ISBN 978-7-5504-6320-2
定　价	78.00 元

前言

　　本书运用卫星图像数据、年鉴数据和微观调查数据，较为全面地考察了城市空间形态的经济绩效及其影响机制。在研究过程中，本书从城市空间形态的测量和特征事实、城市空间形态的宏观和微观经济影响以及背后的作用机制三个方面深入探讨了城市空间形态紧凑性的经济效应，为优化城市空间形态、引导要素合理分布、促进生产和消费提出政策建议。

　　在考察城市空间形态的经济影响时，本书重点突出了三个方面的研究：①城市空间形态是否会促进经济增长；②城市空间形态如何影响企业生产效率；③城市空间形态如何影响城镇居民消费。同时，本书结合目前的宏观政策背景和我国城市空间形态的发展状况，给出研究结论和展望。

　　本书共分为7章，按照观察现象→梳理文献→提出问题→解决问题的思路开展研究。各章的主要内容如下：

　　第1章为绪论，介绍了本书的研究背景与意义、研究思路与方法以及主要创新点。在新型城镇化背景下，城市扩张压力持续增大，其中蕴含的无序扩张的风险也持续增加。如何优化城市空间形态，增强城市对人口和产业的吸引力，充分发挥集聚经济优势和城市空间外部性，是实现城市高质量发展需要解决的问题。

　　第2章系统回顾了国内外相关文献，梳理了集聚经济、生产型城市和消费型城市三个方面的理论研究，整理了城市空间特征影响城市经济、企业生产和家庭消费的实证文献，并通过总结现有文献的空白和不足，进一步阐明了本书的创新之处和价值所在。

　　第3章为城市空间形态测度方法与理论基础，介绍了夜间灯光数据的基本情况和处理过程，讲解了城市空间形态指标的定义和计算过程，并基于该指标对我国城市空间形态的空间分布和时间趋势进行了详细的描述和分析。城市空间形态指标的数值是基于城市平面二维图形计算而得到的，能够反映城市空间形态的紧凑性特征。研究结果显示，中国城市空间形态紧凑性经历了先上升后下降再趋于平稳的演变过程。空间形态紧凑的城市在空间分布上没有呈现出集中的特征，而是较为分散，大城市和小城市都可能拥有紧凑的城市空间形态。本章对城市空间形态的量化为后续章节的实证研究提供了数据支持。

第4章从城市层面评估了城市空间形态对宏观经济增长的影响。本章基于理想的城市扩张过程和地理障碍绘制了潜在的城市空间形态二维图形，并计算潜在的城市空间形态指标作为实际的城市空间形态指标的工具变量，得到对城市空间形态外部性的可靠估计。通过对不同城市空间形态作用大小的比较，本书发现在人口密度较高、城市规模较大和第二产业占地区生产总值比重较高的城市，城市空间形态紧凑度提高对经济增长的作用更大。这意味着要素集聚是城市空间形态发挥经济促进效应的前提。

第5章使用中国工业企业数据，从微观企业层面研究了城市空间形态对企业生产效率的影响。研究发现，紧凑的城市空间形态有利于企业生产效率的提高。在此基础上，本书从集聚效应、企业进入和创新效应三个方面检验了城市空间形态的作用机制。研究结果显示，空间紧凑的城市能够吸引高技能人口集聚，通过提高要素质量促进企业生产效率的提高。另外，空间形态紧凑的城市还能吸引更多新企业进入。研究结果排除了紧凑城市拥有更强的创新效应这一机制。

第6章采用城镇住户调查数据，从微观家庭层面探讨了城市空间形态对家庭消费的影响。研究结果表明，城市空间形态紧凑度提高与家庭消费增长存在因果关系。机制分析表明，空间形态紧凑的城市通过提升市内交通便利性来提高居民的出行意愿，增加居民的消费机会，继而促进消费。空间形态紧凑的城市还通过收入效应提高家庭消费水平，但没有证据表明紧凑城市具有财富效应。

第7章梳理了城市经济增长、生产和消费之间的关系，对全书的研究内容和研究结论进行了总结，还讨论了结论的政策启示，指出了本书的不足和未来的研究方向。

本书的主要结论可以概括为以下三个方面：

第一，提升城市空间形态紧凑性水平有利于城市经济增长。使用工具变量的回归结果显示，市内平均交通距离每缩短1千米，城市人均地区生产总值提高3.2%。城市空间形态外部性并不依赖于城市的行政级别和区域位置。城市空间形态紧凑度提高对城市规模较大、人口密度较高、第二产业占地区生产总值比重较高的城市有更大的影响。

第二，紧凑的城市空间形态对制造业企业生产效率有显著的促进作用。如果城市内部平均交通距离缩短1千米，本地企业全要素生产率将提高2.6%。城市空间形态紧凑度提高对劳动密集型行业、资本密集型行业的企业作用更大。与大企业相比，中、小企业更容易受不紧凑城市空间形态的负面影响。制造业企业对不同的城市空间形态有显著的选择效应，高效率企业更倾向于布局在空间形态紧凑的城市。空间形态紧凑的城市通过对高技能人口的吸引发挥集聚效应，提高生产率，同时还通过吸引新企业进入、增强竞争力等方式来提升生产效率。

第三，紧凑的城市空间形态有利于提升居民消费。市内平均交通距离每缩短1千米，城镇家庭人均消费增加3.3%，该消费促进效应主要来自食品类和居住类消费。低收入家庭对不紧凑的城市空间形态的负面作用更为敏感。紧凑的城市空间形态通过影响交通便利性和收入效应两个途径促进消费。紧凑的城市空间形态缩短了市内平均交通距离，增强了交通便利性，从而增加了消费活动和消费支出。收入效应表现为紧凑城市的第二产业和第三产业从业人口收入更高，因此消费水平也更高。研究结果表明，城市空间形态通过房价因素来影响消费。

本书的创新点主要体现在研究视角、研究内容和研究方法上，具体阐述如下：

（1）研究视角的创新。

第一，从城市空间形态多样性的角度开展研究。本书创新地基于城市二维平面图形，计算了城市内部平均交通距离指标来衡量城市空间形态。该指标实现了对城市空间形态紧凑性水平的量化，并包含丰富的空间维度信息。

第二，从城市消费外部性的角度进行机制分析。在讨论城市空间形态影响企业生产效率的作用机制时，本书创新地从消费城市理论出发，探究了紧凑城市的劳动力供给对企业生产效率的影响。

第三，从交通便利性的视角分析城市空间形态影响家庭消费的作用机制。本书探究了紧凑的城市空间形态通过缩短交通距离提高居民出行意愿，继而影响总消费水平的途径，提供了理解城市空间特征影响家庭消费机制的新视角。

（2）研究内容的创新。

第一，创新地研究了城市空间形态对家庭消费的影响。本书将城市空间形态数据和微观家庭消费数据相匹配，得到了紧凑的城市空间形态有利于提高居民消费水平的结论。这是对消费城市理论应用的拓展，同时也为消费城市理论提供了新的数据支撑。

第二，详细分析了城市空间形态的经济效应背后的机制。本书估计了城市空间形态对经济增长、企业生产效率和家庭消费的影响，并进一步从劳动力供给、企业进入的角度分析城市空间形态影响企业生产效率的机制，从交通便利性、收入效应等微观视角分析城市空间形态影响家庭消费的机制。

（3）研究方法的创新。

第一，构造了全新的工具变量。本书利用地理环境和早期人口信息，构造潜在的城市空间形态并将其作为工具变量。该工具变量具有良好的外生性和相关性，解决了现有工具变量普遍不随时间变化的问题，为构造城市空间特征的工具变量提供了新的思路。

第二，将地理信息系统（GIS）的空间分析方法应用到经济学研究中。本书利用地理信息系统在图像处理和空间分析上的优势，通过空间建模获取了较长时间段、全国范围内的城市图形数据和空间属性，为计量分析提供了数据基础。

第三，将全新的城市空间形态数据、宏观城市数据和微观企业、微观家庭数据相结合开展研究。本书从宏观和微观两个层面研究了城市空间形态的经济绩效问题，并针对不同研究内容进行了系统的稳健性检验以保证研究结果的稳健性。

李春之

2024 年 7 月

目录

3　城市空间形态的特征事实分析 / 29

1 绪论

1.1 研究背景与意义

在过去的 100 年里，人类经济活动的空间分布格局发生了重大变化——城市大量兴起。全世界城市人口占比由 1960 年的 33.6% 上升到 2020 年的 56.2%[①]，城市建设成为世界经济发展的引擎。中国的经济发展和城市建设也取得举世瞩目的成就。如图 1.1 所示，中国国内生产总值（GDP）在 1990 年还不到 1.9 万亿元，2000 年突破 10 万亿元，2010 年突破 41 万亿元，2020 年首次突破百万亿元，达到 1 013 567 亿元。中国的城镇化进程从 20 世纪 90 年代开始加速推进，1978 年中国常住人口城镇化率只有 17.92%，到 2020 年已超过 60%[②]，形成了京津冀地区、长三角地区、粤港澳大湾区、成渝地区双城经济圈等世界级都市圈和众多区域性城市群。图 1.2 绘制了 2008—2019 年我国城区面积和城市人口变化趋势。作为经济活动的空间载体，城市集中了大量优质的经济要素并创造了巨大的价值。以 2019 年为例，所有市辖区人口占全国总人口的 56.7%[③]，市辖区生产总值占全国地区生产总值的比重达到 61.9%[④]。城市对经济增长的强大引领作用引起社会广泛关注。

随着城市规模的不断扩张，部分城市出现往单一方向过度延伸的现象，全国范围内的城市呈现出空间形态紧凑性水平下降的特征。根据集聚

---

① 数据来源：世界银行公开数据。
② 数据来源：《中华人民共和国 2020 年国民经济和社会发展统计公报》。
③ 数据来源：《中国城市建设统计年鉴》。
④ 数据来源：《中国城市统计年鉴》。

经济理论，不紧凑的城市空间形态不利于经济增长。例如，形态不紧凑的城市可能侵占周边农田，导致环境恶化；降低公共设施利用效率，提高单位建设成本；延长通勤距离，打破职住关系平衡等。这些负面影响所带来的成本最终会由城市中的企业和个人承担。

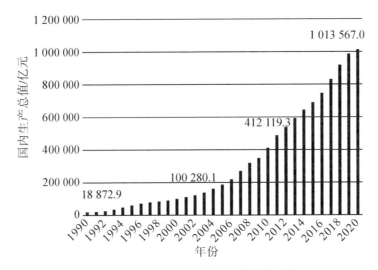

图 1.1　1990—2020 年中国国内生产总值

数据来源：国家统计局。

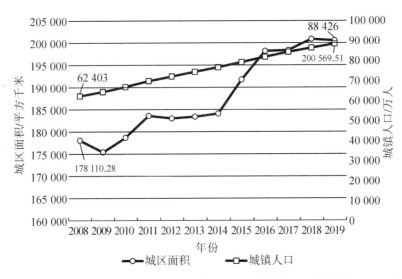

图 1.2　2008—2019 年我国城区面积和城镇人口变化趋势

数据来源：国家统计局。

当前，中国经济已从高速增长阶段迈入高质量发展阶段。新发展模式不仅包括由要素驱动转向创新驱动的增长方式的转变，还包括城市空间形态的调整。首先，在城镇化进程高速推进的背景下，原有城市空间规模已经不能满足发展的需要。随着户籍制度的逐渐放宽，未来1亿多人口将进入城市，城市住房需求的增加成为导致城市扩张的重要因素。其次，城市群的建设为更多城市带来发展机会，这些城市在解决区域不平衡问题、构筑发展新动能的同时也会扩大规模。最后，研究表明，我国大部分城市规模仍然小于最优规模（柯善咨和赵曜，2014；梁婧等，2015），城市扩张将有利于集聚经济效应的发挥。以上原因都意味着我国城市空间形态还会经历巨大的变化。

受地理、经济等因素影响，城市空间形态的多样性与复杂性在世界各国普遍存在。例如，早期的城市沿河而建，呈现出长条形态。山谷中的小镇随地形走势扩张，呈现出狭长的形态。但是更多情况是，经济因素导致城市区域在个别方向上扩展较远，偏离了理想的同心圆扩张的趋势。政府行政干预是我国城镇化过程中的重要特征。地方政府通过土地招拍挂制度和户籍制度，引导土地和劳动力两大经济要素的空间配置，并通过制定城市总体规划引导城市空间形态的发展。不少地方的城市规划部门在土地资源管理和城市规划上欠缺科学性，导致城市空间形态不紧凑并对城市经济造成负面影响。

近年来，我国政府高度重视城市经济的发展。党的十八大明确提出了"新型城镇化"概念，新型城镇化是以城乡统筹、城乡一体、产城互动、节约集约、生态宜居、和谐发展为基本特征的城镇化，是大中小城市、小城镇、新型农村社区协调发展、互促共进的城镇化。2020年政府工作报告中提出，"要推动新型城镇化高质量发展"。国务院印发的《全国国土规划纲要（2016—2030年）》强调，"促进城镇集约紧凑发展，提高国土开发效率"。在这样的现实背景下，如何优化城市空间形态并发挥其对经济增长的促进作用，是我们必须要回答的问题。现有文献缺乏针对这类问题的研究，很多文献仅揭示城市空间形态和经济增长的相关关系，缺乏对城市空间形态影响机制的分析。

本书系统研究了城市空间形态的经济绩效及其影响机制。从量化城市空间形态入手，本书首先对中国城市空间形态的空间分布和演变趋势进行描绘和分析，然后从宏观和微观视角，研究城市空间形态紧凑度对经济增长、企业生产效率和家庭消费的影响。本书的研究结果可以从城市规划和要素空间分布角度，为扩大内需、提高生产效率和刺激消费提供政策建议，为城镇高质量发展和城市经济可持续发展助力。

1.2 研究思路与方法

1.2.1 研究思路

现有关于城市空间形态的研究主要涉及三个方面的内容：①城市空间形态指标的构建和城市空间特征（紧凑性、复杂性、碎片性）的测度；②城市空间形态的地理成因、经济成因及其他影响因素；③城市空间形态对经济、社会和环境的影响及作用的途径。基于国内外已有研究，本书的研究将围绕城市空间形态紧凑性特征的量化方法和城市空间形态的经济影响及作用机制展开。与大多数已有研究不同的是，本书在考察城市空间形态影响宏观经济增长的基础上，进一步在微观经济主体层面估计了城市空间形态两大属性——生产外部性和消费外部性的作用。本书不仅估计城市空间形态的经济效果，还从集聚经济、交通便利性等角度探讨城市空间形态紧凑性发挥作用的机制。同时，本书基于研究结论对城市规划建设和土地利用模式提出政策建议。

本书按照观察现象→提出问题→分析问题→解决问题的步骤开展研究。

第一，对我国城市空间形态的特征事实进行分析，具体包括：利用卫星灯光数据测算全国范围地级及以上城市的空间形态，对我国城市空间形态的演变过程及其原因进行梳理，分析我国城市空间形态的时间变化趋势和地理分布规律。在此基础上，本书提出三个研究主题：①城市空间形态对城市经济增长的影响；②城市空间形态对本地企业生产效率的影响；③城市空间形态对城镇家庭消费的影响。

第二，在提出了研究问题后，本书从城市经济学经典理论、城市空间特征的经济影响、关键数据的清理和应用三个方面展开对国内外文献的研读、梳理和分类。本书通过对文献的整理，了解现有文献在城市空间特征研究方面的最新动态、前沿方法以及存在的问题和不足，并结合研究目的进一步明确本书的研究意义和研究方法。

第三，本书根据研究主旨，用第3、4、5、6章来对研究内容进行详细讨论。第3章介绍构造城市空间形态指标的过程，总结城市空间形态紧凑性在时间、空间上的变化特征。在此基础上，第4、5、6章分别从城市、企业和家庭三个方面回答如下问题：城市空间的紧凑性水平是否会影响城市经济增长？布局在空间形态紧凑度更高地区的企业是否有更高的生产效率？生活在空间形态紧凑性水平更高地区的家庭是否更愿意消费？在此过程中，本书开展了三个方面的研究：一是注重经济学理论的分析，并创新地使用地理信息系统、遥感、城市规划等学科的研究工具和方法研究经济学问题；二是注重实证模型的正确构建以及模型内生性的处理，以得到合理稳健的估计结果；三是重点讨论了城市空间形态外部性的微观作用机制。

第四，通过对研究问题的理论分析和实证分析，本书回答了城市空间形态的经济绩效和影响机制问题，对城市空间形态的经济影响效果及其作用机制有了清晰、客观的认识。在此基础上，本书提出了关于提高城市空间形态紧凑性水平的政策建议并指出了今后研究的方向。图1.3是本书的研究框架。

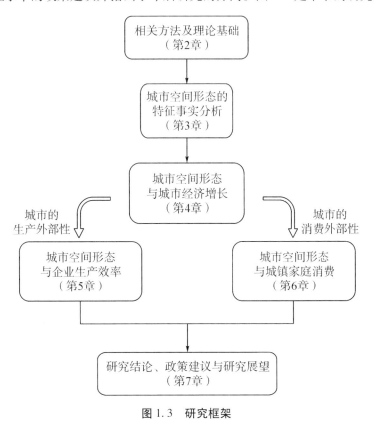

图 1.3 研究框架

1.2.2 研究方法

本书利用全新的覆盖全国城市的空间形态面板数据，匹配宏观统计数据和微观调查数据，以城市经济学、计量经济学等学科为基础开展研究。本书先对中国城市空间形态进行特征事实分析，就城市空间形态对宏观经济增长的影响进行估计，然后基于城市的生产外部性和消费外部性视角，研究城市空间形态对企业生产行为和家庭消费行为的影响。

具体而言，本书主要采用了以下研究方法：

（1）理论分析法。本书基于城市经济学、空间经济学中的集聚经济理论、消费城市理论，将城市空间形态与企业生产、家庭消费联系起来，从理论上讨论城市空间形态对城市经济增长、企业生产效率和家庭消费的潜在影响。

（2）GIS 模型和工具分析法。本书借助地理信息系统（GIS）模型和工具，使用 DMSP/OLS 夜间灯光数据、NPP-VIIRS 夜间灯光数据以及行政区划地图等栅格、矢量地图，提取城市区域图像，测度城市空间形态指标。本书建立了全国性的、长时间跨度的城市/年份面板数据，进而通过图像可视化总结中国城市空间形态的时空特征。本书使用 Landsat 4-5 TM 遥感数据和 DEM 数字高程模型数据，提取城市早期卫星影像和城市周边地理环境图像，用以构造理想状态下潜在的城市空间形态。

（3）统计分析法。在构造城市空间形态指标和量化城市空间形态特征的基础上，本书对我国城市空间形态进行了描述性分析，揭示了城市空间形态的现状和发展趋势。本书结合宏观和微观统计数据，对城市空间形态与地区经济增长、企业生产效率、家庭消费水平的相关关系进行分析。

（4）计量分析方法。本书使用了最小二乘估计（OLS）、固定效应模型（FE）、工具变量法（IV）、广义矩估计（GMM）等计量分析方法。模型的内生性是本书重点考虑的问题，对于反向因果、遗漏变量以及测量误差等造成的模型内生性问题，本书采用工具变量法来解决，以获得合理、稳健的系数估计结果。

（5）空间计量分析方法。本书还使用地理信息系统计算空间矩阵，利用空间计量模型对城市空间形态的经济绩效进行分析，在考虑经济增长空间溢出效应的情况下，检验城市空间形态对经济增长的影响。

图 1.4 是本书的技术路线。

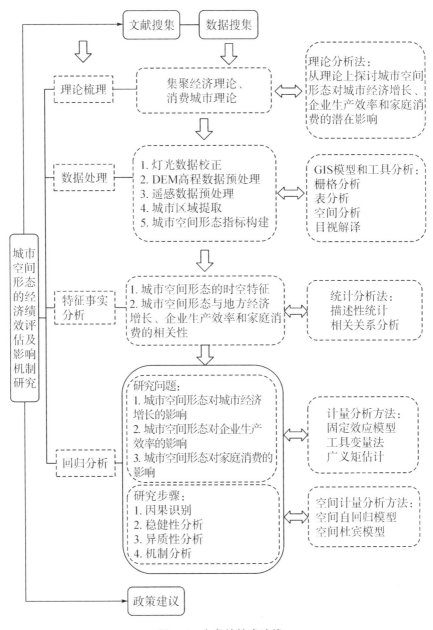

图 1.4　本书的技术路线

1.3 主要创新点

近年来，城市空间形态的成因和经济后果引起了学术界的关注。本书在选题和研究思路上，突破已有研究的局限性，在研究视角、研究内容和研究方法等方面有所创新，具体创新点如下：

1.3.1 研究视角创新

第一，关注城市空间形态的多样性。现有研究使用的指标大都基于统计数据计算，缺乏空间维度。很多研究都忽视了城市空间形态的多样性，将城市压缩为一个点。但是，现实中的城市在空间形态上存在很大变异，有的形态类似圆形，有的相对狭长。本书创新地基于城市二维平面图形，通过大量的计算，得到城市内部平均交通距离指标。该方法实现了对城市空间形态紧凑性水平的量化，并包含丰富的距离信息。

第二，创新地从城市消费外部性的角度解释紧凑的城市空间形态对劳动力供给的影响，从而阐明城市空间形态影响企业生产效率的机制。现有研究大多从经济要素的空间集聚带来的知识溢出和学习效应的角度解释大城市生产率溢价的原因。本书则从劳动力供给的角度，通过检验紧凑的城市空间形态对高技能劳动人口的吸引作用，来解释不同形态城市中企业生产效率的差异。

第三，创新地从交通便利性的视角来分析城市空间形态影响家庭消费行为的机制。市内交通成本是所有经济主体都面临的生产和生活成本，是影响经济活动的重要因素，而现有研究很少从交通成本的角度解释居民消费行为。本书为解释居民消费行为增加了一个新的维度，研究了紧凑城市通过缩短市内平均交通距离、增强交通便利性，从而影响居民出行和消费行为的作用机制。

1.3.2 研究内容创新

第一，创新地探讨了城市空间形态对城镇家庭消费的影响。本书对城市空间形态消费促进效应的研究是对消费城市理论应用的一个拓展，也是对空间形态的经济绩效问题的一次有益探索。城市在消费方面提供的便利性和舒适性是城市空间形态外部性的重要部分，而现有文献对城市空间形态经济影响的大量研究主要集中在生产方面，基于消费城市理论的研究还比较有限。

第二，本书详细分析了城市空间形态外部性发挥作用的机制。虽然较多文献研究城市空间对城市经济发展的影响，但大都缺乏机制分析。大量的经济活动发生在城市中，但城市空间形态对生产以及消费活动的影响是间接影响。厘清城市空间形态通过何种途径发挥作用，才能为城市空间形态更好地发挥外部效应提供有利条件。

1.3.3　研究方法创新

第一，构造了全新的可以随时间变化的城市空间形态工具变量。本书致力于解决现有文献使用的工具变量普遍不随时间变化的问题。在 Harari（2020）的研究基础上，本书从地理环境对城市扩张的阻碍作用和新中国成立后人口增长对城市扩张的推动作用两方面，构造出潜在的城市空间形态。新的工具变量有良好的外生性和相关性，这为寻找中国城市空间因素的工具变量提供了一个新的思路。目前，这种方法用于城市空间形态的研究和政策评估的情况还不多见。

第二，将地理信息系统的空间分析方法应用到经济学研究中。本书使用跨学科工具，通过大量计算来量化城市空间形态的紧凑性水平。本书利用 ArcMap 软件对各类型影像数据（夜间灯光影像、日间遥感影像）和图形对象开展空间分析、可视化、空间建模和数据挖掘等工作，能够在较长时间跨度和较广地理范围中获取包含空间信息的连续可比的图形数据及其空间属性，为经济学分析提供数据基础。

第三，本书创新地将卫星拍摄的影像数据分别与城市统计数据、微观企业数据和微观家庭数据相结合，从宏观和微观层面研究城市空间形态的经济绩效问题。基于城市经济增长、企业生产效率和家庭消费的研究，都得到了一致的结论。本书还根据不同的研究内容，采用多种方法系统地开展稳健性检验，以保证结果的稳健性。

2 相关方法及理论基础

2.1 城市空间形态测度的方法

2.1.1 城市空间形态指标构建

早期研究城市空间形态的文献主要采用定性方法进行描述性分析。随着研究的深入，定性描述无法满足研究需求。一方面，定性描述虽然能对城市空间形态进行简单的比较，但其在体现数据的变化方面仍然不够精确；另一方面，随着计量方法被引入城市经济学中，定量地描述城市空间形态可以通过实证分析得到更多有意义的结论。20 世纪 60 年代，国外文献开始通过构建不同指标来对城市空间形态进行定量描述（Boyce 和 Clark，1964；Frolov，1975；Lee 和 Sallee，1970）。Maceachren（1985）根据构建过程将这些指标分为四类：第一类侧重比较图形自身的周长和面积；第二类侧重比较图形与圆形；第三类侧重比较图形与基准形状；第四类考虑城市内部元素的分散性。虽然量化城市空间形态非常困难，但是好在城市经济学家并不十分关心城市的具体形态或者形状，而关注城市空间形态的重要特征，如紧凑度、蔓延程度等（Maceachren，1985；Harari，2020）。从国内外文献来看，城市空间形态的紧凑性、复杂性、碎片性是学者们十分关注的形态特征。其中，城市空间的紧凑性与城市经济、居民生活联系密切。紧凑的城市空间形态有利于城市经济增长（黄永斌等，2015；秦蒙等，2019），在连续的、形态紧凑的城市，其交通更为便利（Bertaud，2004；Cervero，2001）。

城市规划学科的文献所提出的城市空间形态指标，为城市空间形态的度量提供了新的思路（Angel et al.，2010）。该研究将城市区域用多边形图像进行表示，基于多边形内部点的分布，构造出一系列距离指标来量化城市的空间形态。例如，将指标定义为城市内部任意两点之间的平均距离，该指标数值越大，城市的空间形态越紧凑。

与现有指标不同的是，城市空间形态指标利用大量的计算将二维城市多边形图像的空间形态紧凑性特征表达出来。例如，对于细长的、带有凹槽或凸起的城市多边形，城市空间形态指标数值越大，城市空间形态紧凑性越低。而对于相同面积的圆形城市，城市空间形态指标数值越小，城市空间形态紧凑性水平越高。城市空间形态指标反映了城市空间形态的紧凑性特征，目前已被应用到经济学研究当中。Harari（2020）使用该指标研究了印度城市空间布局的经济影响，研究发现，紧凑的城市空间形态能带来更快的人口增长，而居住在紧凑城市中的居民面临更低的工资收入和更高的住房价格。

综上所述，笔者认为城市家庭将城市空间形态紧凑性视为一种便利性（amenity）并愿意为其付费。基于中国的研究发现了不同的结论。刘修岩等（2019）在关于劳动者工资决定的研究中，发现城市空间形态紧凑性主要通过提高全要素生产率来增加劳动者工资收入，但不能确定家庭是否将城市空间形态的紧凑性视为一种便利性。

2.1.2 利用夜间灯光数据提取城市区域

提取城市空间区域是描述城市空间形态的基础。研究表明，灯光亮度的分布和经济活动分布具有很强的相关性（Donaldson 和 Storeygard，2016；Elvidge et al.，1997a）。利用夜间灯光数据提取城市区域的方法已经被普遍应用于地理学和经济学文献中（Elvidge et al.，1997b；Harari，2020；Henderson et al.，2003；Imhoff et al.，1997）。经验阈值法是目前实证研究中采用较多的提取城市区域的方法。研究者根据夜间灯光的强度特点并结合已有文献的处理经验，设定一个分割值来区分城市区域和非城市区域：即高于阈值的地区为城市区域，低于阈值的地区为农村区域。经验阈值法的优势是具有较强的可实现性和复制性，且不依赖于其他辅助统计数据；经验阈值法的不足是具有一定的主观性，不同研究者可能使用不同的阈值作为划分城市区域与非城市区域的依据。

Milesi 等（2003）基于灯光亮度值 50 来提取美国东南部城市的空间范围。Imhoff 等（1997）基于累计百分数灯光影像数据，发现 89% 的阈值能提取出与 1990 年美国普查登记数据差异最小的美国城市范围。同样使用累计百分数灯光数据的 Sutton 等（2001）使用 40%、80%、90% 来提取美国 20 世纪 90 年代的人口信息。Harari（2020）将 2010 年的夜间灯光影像和谷歌地球（Google Earth，谷歌公司开发的虚拟地球软件）图像重叠，确认使用 35 作为灯光阈值来提取印度的城市区域误差最小。Yi 等（2014）将 40 作为阈值并提取了 1992—2010 年中国东北 34 个地级市的城市区域，并研究该地区的城镇化进程。刘修岩等（2019）同样将灯光阈值设定为 40，计算了 2010 年和 2012 年中国 97 个地级市的城市空间结构，并通过改变阈值大小检验该方法提取城市区域范围的稳健性。结果显示，使用不同阈值并不影响实证分析的结论。Henderson 等（2003）通过最小化灯光影像和 Landsat TM 影像提取结果的差异，判断出使用 DMSP/OLS 辐射定标数据提取 1995 年前后北京和拉萨城市边界的最佳阈值为 30 和 19。

在地理学文献中，有关城市扩张监测、生态环境监测的研究也需要对城市区域进行提取。这一类研究通常关注个别城市的区域范围，对提取精度要求较高。有文献重点研究利用夜间灯光数据识别城市建成区的方法，包括突变检测法和较高分辨率空间影像比较法等（Henderson et al.，2003；Imhoff et al.，2012）。这两种方法的处理过程较为复杂，适用于小尺度范围的样本提取。经济学研究通常需要提取大量的城市样本，经验阈值法能够综合考虑提取结果的精确度和提取过程的可操作性，是最常用的方法。

2.2 城市空间形态与经济增长的理论基础

2.2.1 集聚经济理论

对集聚经济的研究始于 19 世纪末。马歇尔强调厂商技术溢出对周边厂商的作用，提出外部经济（Marshall，1920）。马歇尔之后，产业集聚理论有了较快发展。经济学家将集聚的研究规范化，并建立了包含家庭和厂商的理论模型（Fujita，1988；Henderson，1974；Mills，1967）。

对空间活动集聚现象的解释是城市经济学和空间经济学的核心任务之一。经典的城市空间结构理论是在外生给定一个城市中心后分析经济集聚带来的影响，但没有解释在均质空间中是如何产生这个中心的。一些研究将都市区经济活动的集聚归结为自然资源禀赋和交通优势。这两类集聚动力（资源、区位优势）可以解释资源型城市和港口城市的产生，但无法解释其他城市的产生（Fujita，1988）。空间经济学家指出，要素的空间集聚有其内在动力，并且认为城市形成是厂商和消费者分别进行最优选址的结果，与自然资源、区位优势的关系不大（Fujita，1988；Krugman，1991）。Krugman（1991）将 Dixit 和 Stiglitz（1977）的垄断竞争模型应用到空间经济学中，并提出了空间经济学模型的基本框架。该模型强调集聚力量的核心是消费者对商品多样性的偏好、贸易成本和厂商内部规模经济。Fujita（1988）认为，企业和消费者选址决策的结果是布局在距离彼此相对较近的位置。如果消费者的人数明显大于企业的数量，在均衡状态下，企业会在消费者分布的中心产生集群（cluster）。这解释了城镇或者商业中心形成的原因。此外，Fujita（1988）也强调消费者对商品多样性的偏好。

空间经济学模型对经济活动的集聚现象有较强的解释力，并且强调集聚的自我强化（Fujita，1988）。与新古典增长收敛假说（Barro 和 Sala-i-martin，1995）认为地区间经济增长会逐渐趋同的结论不同的是，空间经济学模型预测集聚过程会带来增长极（growth poles）和增长槽（growth sinks）（Baldwin 和 Martin，2004）。企业和人口会聚集在处于增长过程中的地区，从而进一步加速该区域的经济增长，相反的情况则发生在增长槽地区。

城市空间形态对地区经济增长的影响主要取决于集聚效应是否有效发挥。经济增长除受到技术变迁、资本积累等影响外，还受到空间成本（如产品运输成本、要素流动成本、信息交流成本等）的影响（邓仲良和张可云，2020）。不同城市的空间成本（异质性），导致影响经济增长的因素在空间上分化，由此造成地区间经济增长的差异。

2.2.2 城市经济增长相关研究

现有文献主要从要素投入、资源配置、产业结构、创新驱动等角度研究宏观经济增长的驱动力（陈梦根和侯园园，2021；陈朴等，2021；干春晖等，2011；刘穷志等，2017；刘智勇等，2018；邵宜航等，2018；赵伟和隋月红，2015）。王弟海等（2017）将公共部门工资溢价作为私人部门人力资本占比的近似变量，研究发现，在剔除了公私部门间人力资本配置结构对教育回报率的影响后，我国生产部门中人均受教育年限每增加 1 年，人均产出提高 0.8~1.7 个百分点。人力资本积累除了直接推动劳动生产率提高外，还通过促进技术进步和产业结构升级的方式，发挥对经济增长的促进作用（刘智勇等，2018）。随着限制生产要素流动的壁垒在过去几十年逐渐降低，地区间要素流动成本也显著下降。陈朴等（2021）通过构建包含要素流动的一般动态均衡模型发现，地区间贸易壁垒和劳动力流动壁垒的减少是经济增长的重要推动力。这代表降低地方市场分割度，提高全国大市场的一体化水平，有利于经济潜力的充分发挥。王弟海（2021）提出了一套新的增长率分解核算方法来识别产业结构变化对经济增长率的影响。结果表明，1952—2019年我国经济增长主要由第二产业增长拉动，第二产业对经济增长的贡献率超过50%。这一期间，第三产业对经济的拉动作用在逐渐增大，第二产业的作用则在逐渐减小。邵宜航等（2018）从跨学科视角分析了我国供给侧结构性改革中社会结构分层对经济增长的影响。文章认为，当创新阶层的地位低于和其拥有同等人力资本的其他职业阶层时，阶层差异将有害经济增长，并且这种负面效应会随着创新效率的提升而加剧。程名望等（2019）认为中国经济增长依赖"汗水"和"灵感"的双驱动，在改革开放最初的20年间，经济增长主要依靠劳动力的持续投入。但从2000年开始，经济增长转变为主要依赖技术进步、人力资本提升、制度改革以及地区间劳动要素的自由流动和优化配置等"灵感"因素。

发展中国家经济发展的事实表明，产出的增长如果不能匹配相应的有效需求的增长，则不能保持经济平稳发展。需求的增加会促进供给增加，由此带来经济增长（Chenery，1960）。因此，如果研究者仅从供给角度或者投入角度研究经济增长，而不关注需求角度，就会得出错误的结论。已经有文献表明，需求不足和需求结构失衡会对长期经济增长造成不利影响（Garegnani和Trezzini，2010）。

中国经济增速放缓后，经济增长的"新动能"问题备受关注。欧阳志刚和彭方平（2018）以及欧阳峣等（2016）从需求的角度探究了新的经济增长动力机制。通过对趋势的分解，欧阳志刚和彭方平（2018）发现，在新常态时期中，需求趋势和供给趋势联动造成整个宏观经济的波动，说明需求侧和供给侧驱动力对经济增长具有长期影响。欧阳峣等（2016）估计了消费规模的经济效应，他们基于1955—2013年的实证分析发现，居民消费率越过一定阈值对经济的拉动作用会显著增强。当居民消费率高于0.539时，消费规模扩大0.1，第二年的经济增长率提高0.121。这表明，提高居民消费是促进经济长期增长的有效途径。

2.2.3　城市空间特征与城市经济增长

城市空间形态反映了要素和经济活动在空间上的分布，什么样的城市空间形态更有利于城市发展？为回答以上问题，大量文献基于集聚经济理论，从空间规模、要素分布和城市结构等角度对城市空间形态的经济效益进行评估。

集聚经济效应产生的优势依赖于生产要素的数量和规模。从理论上讲，城市规模和生产效率之间并非线性关系，而是呈现倒 U 形关系（Black 和 Henderson，1999；Helsley 和 Strange，1990；Henderson，1974）。一些文献通过结构方程推导出劳动力规模和劳动力平均产出之间存在非线性关系（Au 和 Henderson，2006）。在理论研究的基础上，有学者基于中国地级市数据验证了中国城市规模与劳动生产率之间的倒 U 形关系（柯善咨和赵曜，2014；梁婧等，2015）。由于户籍制度没有完全放开对人口流动的限制，中国部分城市规模仍被低估，这在一定程度上导致了生产效率的损失（王丽莉和乔雪，2019）。

集聚产生的外部性还依赖经济要素在空间上的分布，要素集聚水平高的城市通常也在生产效率上更有优势。研究表明，空间密度的收益递增对美国各州平均劳动生产率差异有较强的解释力。具体而言，就业密度提高 1 倍会使平均劳动生产率提高 6%（Ciccone 和 Hall，1996）。基于中国的研究同样支持集聚经济效应的存在。中国的产业集聚对非农产业劳动生产率有显著的正向影响，弹性系数在 8.8% 左右（范剑勇，2006），高于欧美国家的水平。

如果将城市层面的要素集聚通过城市结构来表述，则有大量的文献研究了单中心空间结构和多中心空间结构对经济效率的影响。单中心空间结构可以理解为经济要素在单个城市层面的集聚。集聚带来的正外部性是存在边界的，要素集聚仅在一定程度上促进 GDP 的增长（Brülhart 和 Sbergami，2009），超过这一边界就可能出现地价上升、交通拥挤、基础设施利用效率接近最大承载能力等集聚不经济问题。对中国而言，现有研究表明单中心空间结构对大多数城市的经济发展是有利的（刘修岩等，2017；孙斌栋和李琬，2016）。对城市群的研究也表明，单中心空间结构对全要素生产率具有显著的促进作用，且当城市群规模较小时，这种促进作用尤为明显（张浩然等，2012）。也有研究表明，中国已有少数城市出现过度集聚的现象。随着城市规模的扩大，集聚经济效应先增强后减弱，呈现倒 U 形特征。但是，多中心空间结构也不一定有利于区域经济增长。特别是在我国整体城市规模未达到最优水平的情况下，大城市数量过少、中小城市数量偏多的扁平化城市规模分布抑制了城市之间的合理分工，导致要素利用效率的提高受到抑制（陆铭等，2011；秦蒙等，2019）。

城市呈现出多中心空间结构，意味着要素在整个区域之间的分布更加均衡。但多中心空间结构也表明，经济要素超越原来的核心区域，实现在整个城市层面或区域层面的集聚。多中心和单中心结构的城市均可呈现出紧凑的城市空间形态（方创琳和祁巍锋，2007）。实际上，集聚效应既可以存在于单个行业内部，也可以存在于整个城市层面，还能超越城市范围存在于城市周边（Meijers 和 Burger，2010）。Alonso（1973）提出"借用规模假说"——小城市可以借用大城市的基础设施和产业结构，从而呈现出和大城市相似的特征。在这种情况下，小城市享受了大城市的集聚经济效应，却不承担集聚不经济的成本（Meijiers 和 Hoogerbrugge，2016；Phelps 和 Ozawa，2003）。基于欧洲 136 个城市的研究发现，"借用规模"现象在静态和动态层面都存在（Camagni et al.，2017）。类似地，基于中国的研究发现，省域或者全国层面的单中心空间结构是有损经济效率的，多中心空间结构对经济增长更为有利（刘修岩等，2017）。当单个城市规模过大时，拥挤效应就会出现。但是，拥挤效应往往局限于城市内部，因此区域内多个中心城市的布局更有利于区域经济增长。陈旭和邱斌（2020）发现，省域层面多中心空间结构对城市经济效率的影响呈现倒 U 形特征，这意味着多中心空间结构对经济效率的影响也是有限的。

很多学者还讨论了其他城市空间结构指标如城市蔓延、城市紧凑度对经济增长的影响。大多数研究发现，城市蔓延、城市无序扩张不利于经济增长和收入提高（Fallah et al.，2011；Lee 和 Gordon，2007；刘修岩等，2019；秦蒙等，2019）。也有文献发现，城市蔓延对城市生产率的影响不显著，并且城市蔓延不一定对生产效率存在负面影响（魏守华等，2016）。Cervero（2001）使用城市首位度来衡量城市空间形态紧凑性，发现紧凑的城市空间形态有利于美国大都市区的经济增长。李健和夏帅伟（2016）使用经济社会、基础设施、公共服务和生态环境等多个维度的指标构建了城市综合紧凑度指数，发现高的紧凑度对应高的城市产出效率。

现有文献关于经济增长的空间分异有三种观点。第一种观点认为，经济要素集中带来集聚效应，通过共享、学习和匹配三个机制提高生产效率（Duranton 和 Puga，2004）。第二种观点主要强调企业的进入与退出。集聚效应在增强资金和技术外部性的同时也加剧了市场竞争，只有技术能力较强的企业可以生存下来并享受集聚外部性带来的收益，而能力较弱的企业则被挤出市场。第三种观点强调要素之间的互补效应。大城市对异质性劳动者具有同等吸引力，不同技能的劳动力之间能够形成互补关系，最终导致低效率企业和高效率企业实现共同集聚（Eeckhout et al.，2014）。

空间上的集聚和经济增长之间是相互加强的关系（Martin 和 Ottaviano，2001）。要素集中分布能发挥集聚效应并促进经济增长，而经济增长又成为要素集聚的核心力量（Krugman，1991）。因此，城市空间形态变量具有很强的内生性。现有研究主要使用动态 GMM 估计并使用模型内部工具变量或寻找外部工具变量来获得系数的无偏估计（Harari，2020；梁婧等，2015；秦蒙等，2019）。在寻找外部工具变量时，现有文献的思路是使用与城市空间形态相关的历史人口变量或地理环境变量，如坡度、起伏度等。寻找外部工具变量是处理城市空间形态内生性的普遍做法。

2.3 城市空间形态与企业生产效率的理论基础

2.3.1 城市的生产外部性理论

城市的产生和发展都与工业生产存在着密切关系。Krugman（1991）指出，集聚存在自我加强的特征。市场需求、交通成本决定工业企业的布局，当一地产生了工业集聚之后，集聚效应便会得到强化——越来越多的企业布局在原有的企业附近，并创造了新的需求，从而吸引更多企业布局到周边，如此循环。城市规模在这个过程中持续扩大。

早期对规模经济的研究可以追溯到马歇尔的研究（Marshall，1920）。马歇尔认为，由于外部规模经济的存在，厂商可以从其周边厂商的技术溢出中获益。相似行业的厂商集中分布会通过增加知识和信息的溢出、共享劳动力池以及加强上下游企业之间的联系扩大地方化经济（localization economy）。Ohlin（1933）和 Hoover（1937）区分了地方化经济和城市化经济（urbanization economy）。城市化经济是在较大的城市区域和多样化的行业中的规模经济，它存在于行业外部但限制于城市内部（Abdel-rahman，

1988）；地方化经济是存在于厂商外部但限制于行业内部的规模经济（Arnott，1979；Henderson，1974）。地方化经济和城市化经济都是集聚外部性的体现。

城市化有利于生产，这主要是因为要素集中能产生集聚效应。Duranton和Puga（2004）将集聚效应的微观作用机制归纳为共享（sharing）、匹配（matching）和学习（learning）。共享机制是指，企业可以在行业内共享供应商、劳动力和技术等（McCann，2007；Partridge et al.，2008；陈良文等，2008）。大量经济主体在空间上的相互邻近降低了交易成本，实现了资源共享。集聚在单位面积上的经济规模越大，集聚经济效应就越强（陈良文等，2008）。学习机制是指，面对面交流能够促使知识的产生、积累和扩散以及技术的外溢。学习不仅包括企业之间新技术的交流，还包括人与人之间想法的传递。学习的方式有多种，如网络视频、面对面交流等。其中，面对面交流可以最大限度地保证信息的真实性和准确性，是无法被替代的学习方式（Glaeser et al.，2001）。匹配是指生产要素的有效配置，即利润最大化下要素投入与产出的关系（Behrens et al.，2014）。匹配机制表明集聚是有限度的，过度集中会导致拥挤效应或集聚不经济（Brinkman，2016）。根据劳动力市场理论，规模较大的劳动力市场能提高雇主和雇员之间的匹配程度，劳动者在规模较大的劳动力市场和与自身技能类似的劳动者群体中，更容易找到适合自己的工作（Helsley和Strange，1990；Moretti，2011），从而有利于提高企业的生产效率。从长远看，这还有利于增强企业员工的稳定性和就业市场的稳定性。

2.3.2 企业生产效率相关研究

有关企业生产效率的研究和本书联系紧密，现有文献通常采用企业全要素生产率（TFP）来衡量企业的生产效率。中外学者很早就开始了针对企业全要素生产率测算的研究。20世纪50年代，Solow提出了生产率的定义，在规模报酬不变的前提下，生产函数的残差部分即为全要素生产率。从函数设定的形式来看，最常见的函数形式是科布-道格拉斯（C-D）函数。具体的估计方法有基于特定生产函数的参数法（OLS、固定效应等）及半参数估计法（LP法、OP法、ACF法）等。生产函数法最早被用于计算企业TFP（舒元，1993；王小鲁，2000；郑玉歆，1999），但这种方法存在内生性问题和样本选择问题。随后，半参数估计法开始替代生产函数法，用于测算企业的生产效率。LP 法（Levinsohn 和 Petrin，2003）把中间投入作为不可观测的全要素生产率的代理变量。OP 法（Olley 和 Pakes，1996）把投资的反函数作为不可观测的全要素生产率的代理变量，但该方法的使用前提是生产效率能够直接从企业的投资规模上体现出来。ACF 法（Ackerberg et al.，2015）把投资视为所有要素投入的函数。

这些方法的出现吸引了众多国内学者对我国企业全要素生产率进行测算和研究。鲁晓东和连玉君（2012）基于中国工业企业数据和 LP 法估计了工业企业 TFP，发现 1999—2007 年我国工业企业全要素生产率年增长率为 2%~5%。研究还指出，企业全要素生产率与资本生产率和劳动生产率的相关性较低，说明非投入要素在我国企业成长过程中发挥了重要作用。郭庆旺和贾俊雪（2005）使用四种方法（代数指数法、索罗残差法、隐形计量法和潜在产出法）估算了我国企业 1979—2004 年的 TFP，指出我国企业全要素生产率从 2000 年开始逐渐稳步攀升，但对经济增长的贡献一直较低。

在测算企业 TFP 方面，各种方法都存在一定的局限性（柳获和尹恒，2015；于永达和吕冰洋，2010）。OP 法考虑了企业退出决策对生产率的影响，减少了企业退出市场而造成的样本选择性偏误。作为 OP 法的改良方案，LP 法能根据数据特点灵活选择代理变量，较好地解决了数据丢失的问题。但是 LP 法的估计结果也没有明显优于 OP 法，且操作过程较为复杂（鲁晓东和连玉君，2012）。此外，使用增加值和总产值计算出的企业全要素生产率存在差异。使用增加值作为产出变量的方法，没有考虑中间投入份额变化对企业生产函数估计的影响，而缺乏中间投入信息会造成企业生产函数模型存在遗漏变量的问题（朱沛华和陈林，2020）。鉴于企业全要素生产率是衡量工业投入产出效率的核心指标，但又缺乏公认的衡量标准（Syverson，2011），在数据可得的情况下，有关研究都使用多种方法对全要素生产率进行计算，力求得到准确、可信的实证结果。

在测算企业 TFP 的基础上，学者们基于我国企业生产效率较低的现状，重点关注影响企业全要素生产的因素，以寻求促进生产效率提高的办法。Heish 和 Klenow（2009）的研究是具有代表性的。他们的研究发现，我国资源配置效率低下是工业企业生产效率降低的重要原因，假设我国资源配置效率达到与美国同样的水平，工业企业的 TFP 会提高 30%~50%。在此基础上，很多学者探讨了产业集聚、产业政策、交通条件以及环境管制等因素对企业全要素生产率的影响。林毅夫等（2018）通过研究2000—2005年国家级经济开发区对企业生产率的影响，发现经济开发区主要通过税收优惠政策提高企业的生产效率。林毅夫从侧面指出，人为形成的集聚区未必会存在集聚效应。虽然设立开发区的初衷是为了催生集聚经济效应（Kline 和 Moretti，2014），但事实可能并非如此。Martin 等（2011）也指出，企业自发形成的集群才能发挥集聚效应。刘冲等（2020）通过高度细化的城市各级道路交通网络计算城市之间的交通成本并测算市场的可达性水平。该研究发现，城市中的交通基础设施通过提升市场可达性来提高当地企业的全要素生产率。席强敏和孙瑞东（2020）发现，市场邻近和供给地邻近都会促进企业生产率提高，但是市场邻近所带来的生产率优势优于供给地邻近。宣烨和余泳泽（2017）研究了服务业产业集聚对企业生产效率的影响。该研究发现，生产型服务业多样化集聚和专业化集聚都有利于提高制造业企业生产率，但是生产型服务业多样化集聚的作用更大。盛丹和张国峰（2019）发现，"两控区"（酸雨控制区或者二氧化硫控制区）政策通过淘汰其区域内的低效率企业，以期提升企业整体的全要素生产率。但是与非"两控区"相比，"两控区"内企业生产效率更低，说明"两控区"的环境管制政策阻碍了企业生产效率的提高。

2.3.3　城市空间特征与企业生产效率

大量理论与实证文献研究从城市空间特征的角度对城市层面或企业层面生产效率的差异给出了解释（Baldwin 和 Okubo，2006；Combes et al.，2012；Yu et al.，2019；郭晓丹等，2019；柯善咨和赵曜，2014；李晓萍等，2015；秦蒙和刘修岩，2015；魏守华等，2016）。由于多种因素，企业级的数据在研究此类问题上具有优势。首先，宏观经济背后是真实的企业个体。研究者通过使用微观个体数据，可以在考虑异质性企业特征的基础上研究企业如何受到外部环境的影响。其次，企业级数据拥有更多的样本数量，包含了更多的指标变量，可以缓解模型的遗漏变量问题，也为处理模型的内生性问题提供了有利条件。

随着微观数据可得性的提高，很多文献开始使用包含企业注册信息的企业个体数据来研究经济集聚和全要素生产率之间的关系。从产业角度来看，产业集聚对企业生产效率的影响是不确定的。产业集聚带来的知识溢出、劳动力流动和良性的竞争会促进企业技术进步，提高生产效率（吴明琴和童碧如，2016）。但是集聚程度过高会导致"搭便车"现象和拥挤效应的出现，这将不利于企业创新和盈利能力的提高（Lin et al.，2011）。范剑勇等（2014）以通信设备、计算机与其他电子设备业企业为研究对象，发现专业化经济通过提高技术效率来促进企业全要素生产率的提高，而多样化经济对全要素生产率没有显著影响。

从城市空间特征角度来研究企业间生产效率差异的文献重点讨论了城市规模对企业生产的影响（Andersson 和 Lööf，2011；柯善咨和赵曜，2014）。Andersson 和 Lööf（2011）使用瑞典 1997—2004 年的企业数据，发现在控制企业自身特征和宏观时间趋势后，布局在较大区域的企业的生产率更高。基于中国制造业企业的研究也发现，城市规模在扩大过程中通过筛选效应保留高效率企业，并通过规模效应提高本地企业的生产率（柯善咨和赵曜，2014）。基于北京市街道层面数据的研究发现，劳动生产率对单位面积上经济集聚的弹性为 11.8%～16.2%，高于我国地级市层面的弹性，也高于同期欧美国家城市层面的弹性（陈良文等，2008）。

还有文献从要素在空间上的分布来讨论企业生产效率差异的来源（Baldwin 和 Okubo，2006；陈旭等，2018）。集聚经济的存在暗示了不紧凑的城市空间形态不利于企业生产率的提高。Harari（2020）基于印度普查数据，认为不紧凑的城市空间形态不会影响企业在城市之间的布局选择，但是不紧凑城市中的企业会离彼此更近。较高的经济密度对企业全要素生产率有正向的溢出效应（Baldwin 和 Okubo，2006），而较低的经济密度通常被认为不利于企业生产率的提高。然而，要素空间分布对企业生产率的影响并不是线性的。陈旭等（2018）采用中国 2001—2011 年制造业企业数据，发现在城市蔓延的过程中，制造业企业整体的全要素生产率先降后升。该研究发现，在蔓延的初期，刚刚成为城市区域的土地极度缺乏基础设施和公共服务，粗放的土地利用方式稀释了集聚经济效应，企业全要素生产率呈现下降趋势。而随着基础设施的逐渐完善和土地利用效率的提高，企业全要素生产率又开始上升。

总结不同城市间企业生产率差异形成的原因，现有研究主要有以下观点：

第一，将企业生产率差异归结为空间的集聚效应。集聚会带来资本外部性和技术外部性，有利于规模经济的发挥，从而提高生产效率（Combes et al.，2011）。要素密集、形态紧凑的城市中，集聚作用也更强。大量文献基于数据对集聚效应的存在性进行了检验（Andersson 和 Lööf，2011；陈良文等，2008；范剑勇等，2014）。

第二，归结为企业自身的选择效应或分类效应（Baldwin 和 Okubo，2006；Fujita，1988；陈强远等，2016）。大城市聚集了优质的生产要素和较多的消费需求，为了获取优质生产资源和更大的消费市场，高效率企业会选择布局在大城市（Baldwin 和 Okubo，2006；Fujita，1988），从而有了大城市具有生产率溢价的结论。在高效率企业主动择优的同时，也有低效率企业主动布局到小城市以寻求更好的发展机会。例如，小城市可能为低效率企业提供税收优惠或经营补贴等（Baldwin 和 Okubo，2006）。有文献将高效率企业的定位选择称为"选择效应"，将低效率企业的定位选择称为"分类效应"（陈强远等，2016；席强敏和孙瑞东，2020）。也有文献将高效率企业和低效率企业的定位选择统称为"选择效应"（李晓萍等，2015）。

在估计企业自身的选择效应上，Combes 等（2012）的做法具有代表性，即通过不同地区企业生产率分布的左截尾差异来识别选择效应。不过，Combes 等（2012）基于法国企业的研究并未发现选择效应的存在。李晓萍等（2015）基于 Combes 等（2012）的方法，利用中国工业企业1999—2007 年的数据，发现低效率企业为避免竞争倾向于选择中小城市，表现出显著的选择效应。郭晓丹等（2019）采用 DOP 生产率分解方法，同样验证了大城市制造业生产率优势来自企业的选择效应。王永进和张国峰（2016）发现集聚效应在短期对开发区生产率有提升作用，选择效应是开发区长期具有生产率优势的原因。

2.4　城市空间形态与家庭消费的理论基础

2.4.1　城市的消费外部性理论

城市的消费外部性是本书研究城市空间形态紧凑性和消费关系的出发点。有关城市消费外部性的理论研究和实证研究为本书的研究奠定了基础。

城市是人和企业的密集聚集地。在空间经济学引起人们关注的初期，许多研究认为城市的优势主要集中在生产方面（Holmes，1999；Krugman，

1991）。随着产品运输成本的大幅下降，工业集聚的重要性逐渐下降（Glaeser，1998；Glaeser 和 Kohlhase，2004）。与此同时，人口、技术和想法的集聚仍然重要，这意味着城市发展的动力正在发生转变。一些文献更多关注城市在消费方面的优势并指出城市的消费外部性是未来城市经济增长的动力源泉（Couture，2016；Glaeser et al.，2001；Lee，2010）。

Glaeser 等（2001）提出消费城市这一概念，指出城市在消费上的外部性被严重低估。他提出的空间均衡方程将城市的生产属性和消费属性纳入同一个框架中并加以区分。在空间均衡方程中，生产率溢价+消费外部性溢价＝租金溢价。如果使用工资溢价来衡量城市的生产率（Glaeser 和 Mare，2001），该方程的经济学含义是：城市的工资溢价加上城市消费外部性所带来的效用被城市租金溢价所抵消。因此，城市消费外部性被定义为租金溢价和工资溢价之差。

拥有消费外部性的城市具有两个显著的特点：一是存在"逆向通勤"现象；二是城市房价增长速度快于收入增长速度。例如，基于美国通勤数据，Glaeser 等（2001）发现，1960—1990 年城市→郊区方向的通勤时间增长了 2 倍，而全部通勤时间在两个时间段的增长分别仅为 2.62%（1960—1980 年）和 2.79%（1980—1990 年）。这表明，在郊区工作的人们选择居住在城市中心，暗示城市可能存在消费外部性效应。另外，1980—1990 年，房价对人口的弹性由 0.114 上升到 0.225，而收入对人口的弹性从 0.051 上升到 0.082。住房需求增长远快于收入增长，这表明城市消费外部性作为高房价的补偿而存在。也有文献从较高的生活质量、多元的文化以及社交优势等方面解释城市对人口的吸引（Clark et al.，2002；Glaeser 和 Gottlieb，2006；Shapiro，2006）。

2.4.2　家庭消费相关研究

20 世纪中期，国外经济学家们通过大量的研究来讨论消费、储蓄和收入之间的关系。Duesenberry（1949）开创性地提出"相对收入假说"，认为个人消费函数取决于周围人的现期收入。该理论认为，消费存在示范效应，家庭消费由相对收入的分布决定，独立于绝对收入水平。给定相对收入的分布，家庭消费会随着家庭在该收入分布中位置的上升而增加。很快，作为理解消费行为的主流消费理论——持久收入假说（Friedman，1957；Modigliani 和 Brumberg，1954）被提出。理性消费者会根据其一生的收入在其生命周期的各个阶段进行平滑消费。根据这种观点，消费受短期收入波动的影响较小，消费和收入之间的横截面相关性很可能由其与永久收入的暂时性偏差所驱动。由于消费取决于持久性收入，研究者应该在整个生命周期内观察消费和收入关系。

回顾中国的研究，余永定和李军（2000）基于中国国情推导出一套符合中国现实的宏观消费函数。文章指出，中国的消费者有别于外国消费者的特点是，中国的消费者在生命周期内存在多个特定的支出高峰，并伴随相应的储蓄任务。中国消费者完成阶段性储蓄任务是为了实现阶段性的消费目标，这和永久收入假说所描述的模式有很大差别。该文章提到，由于资本市场的不完善和消费信贷的缺乏，阶段性消费任务的观点解释了中国低消费的一部分原因。

为了理解中国"高储蓄、低消费"这一现象背后的原因，国内学者对消费不足的原因进行了多角度的探讨。例如，有研究发现，中国经济在结构转型过程中，失业风险的增加和未来收入预期不确定性的提高都导致居民有较高的预防性储蓄，这是中国现阶段消费率较低的原因之一（罗楚亮，2004）。也有文章发现，收入不平等、户籍制度约束、信贷约束等都和消费低迷有关（陈斌开等，2010；杭斌和余峰，2018；雷潇雨和龚六堂，2014）。例如，陈斌开等（2010）发现，户籍制度的制约导致城镇移民的边际消费倾向低于城镇居民。其原因在于移民缺乏社会保障且面临更高的信贷约束。收入不平等对城镇家庭消费的抑制作用与家庭对社会地位的偏好以及潜在的流动性约束有关。当其他人的住房面积都增加时，人们也倾向于增加购房预算以购买更大的房子。在信贷缺乏的经济环境中，家庭选择压缩消费来满足住房需求（杭斌和余峰，2018）。在这些文献中，预防性储蓄假说、流动性约束假说都是解释居民消费行为的重要角度。

越来越多的文献利用微观数据来研究影响人们消费的因素。李树和于文超（2020）运用家庭面板数据，发现户主的主观幸福感会促进家庭消费，这一结论具有积极的政策含义，即旨在改善民生和提升居民幸福感的经济发展目标能有效提高家庭消费意愿。杨碧云等（2014）利用2002年和2009年中国家庭城镇住户调查的数据发现，家庭收入、家庭人口性别结构以及家庭生命周期阶段都会显著影响家庭总服务性消费支出数量。邹红和喻开志（2015）使用断点回归设计，发现男性户主退休这一冲击显著减少了家庭非耐用消费支出，退休后的消费骤降主要源于与工作相关消费、文化娱乐消费和在家食物消费的减少。孙伟增等（2020）使用中国家庭追踪调查 2012 年、2014 年、2016 年的家庭面板数据，对住房自住、有房出租以及租房居住的三类家庭的消费行为进行研究。文章发现，租金减少通过住房投资效应降低住房自住家庭的住房投资收益，从而增加这些家庭的消费。对于房东和租房者而言，租金减少通过租金收入效应挤出房东家庭的消费，而通过消费替代效应增加了租房者家庭的消费。

2.4.3 城市空间特征与城镇居民消费

城市的消费外部性是城市不断吸引人口的重要原因，消费需求随着人口规模的扩大而逐渐增加，这刺激了生产并增加了消费品的供给，继而进一步提高城市生活的效用水平。在这个循环中，城市空间特征起到了十分重要的作用。城市空间规模不仅决定了集聚效应的强度，还会影响交通成本的高低，集聚效应和拥挤效应共同决定了经济活动的空间分布。

已有不少研究从城市规模或人口密度的视角探讨了城市空间特征对消费的影响，这些文献可以分为两类。

第一类文献讨论了大城市服务性消费的问题。例如，Glaeser 和 Gottlieb（2006）发现，20 世纪 90 年代美国大城市复苏得益于人们对面对面社交的需求——在大城市中，人们更多地前往餐厅、电影院等商业娱乐场所。Murphy（2018）也发现美国大城市的居民有更多的服务性消费支出。研究指出，大城市消费型服务业的生产效率更高，居民购买服务性消费品的价格更低，因此购买服务性消费品作为家庭生产的替代品是有效率的。同样，章元和王驹飞（2019）发现中国大城市的居民有更高的服务性消费支出水平，因为大城市通勤时间的延长导致大城市居民希望通过购买服务替代家庭生产以增加闲暇时间。

现象背后存在着丰富的机制。现有文献从居民收入、规模经济、交通成本和时间利用等视角解析了城市规模影响消费的机制。Glaeser 和 Gottlieb（2006）指出，城市居民收入的提高和城市管理水平的提高增加了人们对城市高端设施的需求，并由此带来了城市人口的增长。Murphy（2018）提出，专业化的生产无论是在经济上还是时间上都更有效率，所以购买服务代替家庭生产能够增加个人效用。例如，餐厅使用固定的场所和烹饪器具，可以服务周围很多消费者，而消费者如果自己在家烹饪，则每人都需要购买烹饪器具且需要花费时间。章元和王驹飞（2019）认为，大城市的居民面临更长的通勤距离和更多的通勤时间，为了增加闲暇时间，大城市居民拥有更高的服务性消费支出水平，以保持自身效用水平。

第二类文献主要关注城镇居民的汽车消费问题，讨论了城市空间形态如何影响居民购买汽车的决策。在城市蔓延、交通拥挤和石油依赖的背景下，越来越多的文献关注如何科学利用城市规划减少汽车的保有量（Ewing 和 Cervero，2010）。这些文献主要以美国的城市或者都市区为研究对象，其中一个重要的原因是美国全国家庭旅行调查（national household travel survey，NHTS）提供了丰富的个人层面的个体特征、家庭坐标和外出旅行信息。例如，Ding 等（2017）基于 2001 年全国家庭旅行调查数据，从人口密度、土地混合利用、交通通达性等多个维度量化了城市建筑环境。文章发现人口密度、就业密度、交通通达性和家庭拥有汽车的可能性具有显著的负相关关系。文章也指出，土地混合利用对家庭汽车拥有量的影响是不确定的。一方面，土地混合利用缩短了出发地与目的地之间的距离，可能会减少家庭对私家车的需求；另一方面，土地混合利用也降低了平均出行成本，这会减少开车成本，从而增加家庭对私家车的需求（Ding et al.，2017；Hess 和 Ong，2001）。类似地，Cervero 和 Kockelman（1997）从汽车使用的角度开展研究，发现土地混合利用水平较高的城市环境会减少居民使用汽车出行的次数，最终减少汽车消费。

2.5 本章小结

2.5.1 现有研究的趋势

2.5.1.1 城市空间形态测量方面的趋势

首先，度量内容的变化。新的度量方式不仅关注城市的规模、密度，还量化了城市的外形。现有测量指标主要有以下几种：反映城市规模大小的城市面积指标、反映城市土地利用效率的平均人口密度指标、反映城市内部人口分布差异的城市蔓延指数（Fallah et al.，2011）。如果说现有指标大多基于统计数据计算得到，那么新的度量方式则是基于二维城市平面图形，通过构造包含空间维度的指标来反映城市的空间特征（Angel et al.，2020；Duque et al.，2021；Harari，2020；刘修岩等，2019）。

其次，度量所使用的数据发生变化。考虑到统计数据可能存在较多人为因素导致的偏误且受到行政区域的限制，国内外学者还利用夜间灯光数据、卫星遥感数据等多样化的数据开展研究，包括 DMSP/OLS 夜间灯光数据、NPP-VIIRS 夜间灯光数据、Landsat 陆地卫星数据、Landscan 人口分布数据、土地利用和土地覆盖数据等（Burchfield et al.，2006；Donaldson 和 Storeygard，2016；Liu et al.，2012）。卫星图像数据客观性较强，且包含丰富的空间信息。

2.5.1.2 机理分析方面的趋势

国内外关于城市空间特征的研究越来越重视对空间因素作用机理的分析。在宏观层面的研究中，集聚所产生的规模效应、交通便利性和市场可达性等通常是城市空间特征的作用机制，这些方面的研究较为丰富。目前，随着对微观企业数据和个人数据的深度挖掘，在估计城市空间特征对企业和个人影响效果的基础上进一步揭示其微观机制，成为当下研究的趋势。

在分析经济增长的动力因素时，很多文献从强调资本积累、劳动投入、要素配置、技术创新等供给侧因素，逐渐往重视居民消费需求等需求侧因素、强调消费规模对经济的拉动作用方向转变。兼顾供给侧和需求侧两方、考虑其相互作用、强调供给侧因素和需求侧因素合力推动经济长期增长，是目前研究的趋势（欧阳志刚和彭方平，2018）。

2.5.1.3 数据运用方面的趋势

首先，在数据运用方面，现有文献更加注重微观数据的应用。微观数据可以分离出个体特征的影响，降低模型的自选择偏误（Eid et al.，2007）。由于个体、家庭、企业等微观数据包含更多变量，研究者在利用微观数据进行实证分析时还能更细致地开展机制分析。近年来，也有一些文献将地理空间数据和微观数据结合起来分析空间外部性对微观经济主体的影响，不过总体来说，这部分文献还比较少。

其次，遥感数据、日间灯光数据、夜间灯光数据不仅被用于反映城市扩张现状，还被广泛应用于经济增长、收入差距、能源消耗、产业集聚等指标的度量（Donaldson 和 Storeygard，2016；Henderson et al.，2012；范子英等，2016）。夜间灯光数据的观测时间长、观测范围广，排除了价格因素的影响，较少受到人为干扰和行政区划单位的限制，可以准确、客观地揭示地区经济、社会发展特征。基于夜间灯光数据计算的地区灯光强度等指标是现行统计指标较好的替代指标（徐康宁等，2015）。

2.5.2 现有研究的不足

第一，现有的城市空间特征指标大多缺乏空间维度的信息。这些指标普遍基于统计数据计算而得，这相当于把城市压缩为一个点，忽略了城市平面形态和内部空间结构的多样性（吕斌和孙婷，2013）。而现实中，城市空间形态是比较多变的，但少有文献对此展开研究。

第二，现有文献在讨论城市空间形态的经济影响时，大都缺乏对作用机制的分析。城市为企业生产和居民生活提供场所和空间，对经济活动的影响是相对间接的。因此，厘清城市空间形态的作用机制才能使城市空间外部性更好地发挥，从而促进经济增长。

第三，现有的工具变量大多是不随时间变化的。使用缺乏时间维度的工具变量进行回归分析，需要舍弃个体的固定效应，而城市空间形态在时间和空间维度上都存在较大变异，舍弃固定效应意味着损失大量有效信息。因此，开发随时间变化的工具变量很有必要。

第四，城市空间的经济影响的大量研究主要集中在生产方面，对消费城市的研究还比较少。而随着城市产业结构的升级和经济发展水平的提高，消费规模的扩大对城市经济增长至关重要。

第五，现有文献在研究消费的影响机制时，从个人需求角度重点关注金融约束、预防性储蓄、时间管理等因素，从供给角度重点关注消费品数量及多样性等因素，少有文献从交通便利性的角度进行分析。随着城市规模的不断扩大，降低城市内部交通成本的问题受到越来越多的关注。

第六，很少有文献涉及全国范围的城市内部交通通达性的研究。很多文献关注城市之间的交通通达性，仅有部分文献关注城市内部的交通状况。而由于城市内部通勤距离、交通成本等难以衡量，现有文献通常只以个别城市作为研究对象开展研究，这缩小了结论的适用范围。

3 城市空间形态的特征事实分析

量化城市空间形态是评估其经济绩效的基础工作。本章对本书所涉及的重要概念进行界定,对重要指标的构造过程进行介绍。在测算城市空间形态的基础上,本章进一步分析中国城市空间形态的空间分布和演变趋势,为后续实证分析打下基础。

3.1 数据来源

本书用于构建城市空间形态的数据主要有以下两个来源:美国国防气象卫星计划(Defense Meteorological Satellite Program)搭载的 OLS(Operational Linescan System)传感器所采集的夜间灯光影像数据(以下简称 DMSP/OLS 灯光数据)和国家极地轨道合作伙伴卫星系统搭载的可见红外成像辐射仪套件(Suomi National Polar-Orbiting Partnership Visible Infrared Imaging Radiometer Suite)所采集的夜间灯光影像数据(以下简称 NPP-VIIRS 灯光数据)。夜间灯光数据覆盖的时间较长、覆盖区域较广,在区域和全球范围内长期监测人类活动和城市化进程方面发挥了较大作用(Elvidge et al., 2007; Elvidge et al., 2009; Henderson et al., 2012)。本书首先对夜间灯光数据的采集过程和数据属性作简要介绍。

3.1.1 DMSP/OLS 夜间灯光数据

采集 DMSP/OLS 夜间灯光数据的卫星运行在高度约 830 千米的近极地太阳同步轨道,拍摄范围覆盖东经 180° 至西经 180°、北纬 75° 至南纬 65° 的地球表面。该系列的卫星监测当地时间 20 点到 22 点时段的灯光情况。

卫星搭载的 OLS 传感器起初是为观测全球范围云层状态而设计，因此该传感器在夜间有较强的微光感应能力和较强的光电放大能力，能观测到夜间地球表面低至 $10^{-9} W/cm^2/sr$ 的微弱光线。这些光线包括城镇、车流的夜间照明灯光以及火光等。对于现代社会而言，所有白天的经济活动都会存续于夜间，因此夜间灯光的强度能反映当地经济活动的强度（徐康宁等，2015）。经济活动越频繁，卫星探测到的夜间灯光会越明亮。

早期 DMSP/OLS 卫星数据以照片形式发布，直到 1992 年美国国家海洋和大气管理局（National Oceanic and Atmospheric Administration，NOAA）下属美国国家地理数据中心（National Geophysical Data Center，NGDC）佩恩公共政策研究所（Payne Institute for Public Policy）地球观测组织（Earth Observation Group，EOG）对原始数据进行数字建档并发布了电子版本。迄今为止，该组织共发布了 22 年（1992—2013 年）的数据（Baugh et al.，2010；Elvidge et al.，1999；Hsu et. al，2015）[①]，提供了四类夜间灯光数据产品，包括稳定灯光（stable lights）、平均可见灯光（average visible）、无云覆盖灯光（cloud free coverages）、平均灯光 X pct（average lights X pct）。本书使用的是稳定灯光数据，这也是被现有文献广泛使用的数据。为了使灯光亮度更真实地反映人类生产和消费活动，美国国家地理数据中心已经对原始数据进行了基础处理，包括：①消除云层的影响；②消除背景噪声（短暂灯光、极光、闪电）的影响。该机构还将灯光强度转换为灰度像元，将像元 DN 值范围确定为 0~63。0 代表完全无亮度，63 代表最大亮度。NGDC 提供的数据格式为栅格图像格式，数据精度为 30 角秒[②]。

3.1.2　NPP-VIIRS 夜间灯光数据

最新一代地球观测卫星——联合极地轨道卫星系统（Joint Polar-orbiting Satellite System，JPSS）提供了更高品质的 NPP-VIIRS 灯光数据（Elvidge et al.，2017）[③]。该卫星运行在极地轨道，拍摄范围为东经 180°至西经 180°，北纬 75°到南纬 75°。相比于 OLS 传感器，该卫星系统搭载的可见光和红外成像套件（VIIRS）的日夜波段（DNB）对低光成像效果进行了改进。其所采用的广角辐射探测仪增强了探测灵敏度，解决了 DMSP/

---

① 下载地址：https://payneinstitute.mines.edu/eog/nighttime-lights/。

② 角秒也称弧秒，30 角秒在赤道上约为 926 米。

③ 下载地址：https://payneinstitute.mines.edu/eog/nighttime-lights/。

OLS 灯光数据的饱和问题。

本书所用的 2012—2020 年的 NPP-VIIRS 夜间灯光数据的年度、月度数据可以在地球观测组织上公开获取。年度和月度数据为合成数据。在发布之前，NPP-VIIRS 夜间灯光数据由官方机构进行了校正，因此不同年份之间的数据可以直接进行比较。发布机构进行的处理还包括：①消除日光、月光和云层的影响；②剔除灯光异常值。NPP-VIIRS 的数据格式为栅格图像格式，数据精度为 15 角秒[①]。

3.2 夜间灯光数据预处理

3.2.1 夜间灯光数据校正

夜间灯光数据在研究城市空间形态变化上具有很大优势。首先，夜间灯光数据多时相、广覆盖的特点可以让研究者在较长跨度的时间区间内，观察到城市空间形态的变化和城市空间形态特征的差异。其次，夜间灯光数据具有较强的可得性，且基于该数据识别城市区域的方法具有较强的可操作性。这使得夜间灯光数据不仅适用于遥感、地理学科的研究，在经济学上也有广泛应用。

但是，DMSP/OLS 夜间灯光数据还存在以下两个缺陷：第一，该数据由六颗不同的卫星采集，传感器之间的调校差异和传感器的老化问题导致该数据在不同年份之间的可比性较差。个别年份有来自不同卫星拍摄的两张图像[②]，但这两张图像之间也存在一些差异。第二，灯光 DN 值的饱和问题使数据存在被截尾的情况（Hsu et al., 2015）。这代表所有高于 63 的亮度值都只能表示为 63。饱和问题通常只发生在城市中心，因此该问题对城市区域提取结果的影响不大。但是，饱和问题会导致使用灯光亮度值来衡量地区经济发展水平的测算出现偏差。关于灯光数据对真实 GDP 的代表性，现有文献认为，发达国家可能存在灯光数据取值上限的问题，而对于

---

① 15 角秒在赤道上约为 463 米。

② 其中，F10 卫星拍摄了 1992—1994 年的灯光影像；F12 拍摄了 1994—1999 年的影像；F14 拍摄了 1997—2003 年的影像；F15 拍摄了 2000—2007 年的影像；F16 拍摄了 2004—2009 的影像；F18 拍摄了 2010—2013 年的影像。

绝大多数发展中国家而言，真实辐射值的取值没有超过 DN 值上限（Baum-Snow et al.，2017；徐康宁等，2015），因而灯光数据饱和问题在中国并不严重。

近年来，NOAA 已经提供了校正过后的夜间灯光数据[①]和官方的相互校正系数表。本书直接使用 NOAA 校正过后的灯光数据。对于有两幅图像的年份，本书取其年均值。灯光预处理步骤完成后，每年只对应一幅灯光影像数据，且不同年份之间的数据具有可比性。

3.2.2　夜间灯光影像图

基于校正过的全球灯光数据，本书采用国家基础地理信息中心 1∶400 万中国行政区划图提取中国范围内的灯光分布图，投影坐标系为 Albers 坐标系。通过比较 1992 年和 2020 年中国整体的夜间灯光影像图可知，1992 年中国夜间灯光最亮的地区为京津冀、长三角和珠三角地区。秦岭-淮河以南的中部地区和整个西部地区灯光较暗。2020 年，中国夜间灯光亮度较高的地区仍然是东部沿海城市群，而且灯光亮度明显有所增强，城市群周边范围的灯光亮度也有所增强。同时，以武汉、西安、重庆、成都为代表的中部和西部地区的城市灯光亮度有明显提高。夜间灯光强度的提高实际上也反映出中国经济持续增长和城市不断扩张的态势。1992—2020 年，经济活动的集中趋势得到加强。东部沿海地区继续吸引大量人口和企业，中西部地区的经济活动也向区域中心城市集聚。

3.3　城市空间形态的测度

3.3.1　概念界定

本章使用校正过后的夜间灯光数据提取了城市区域，基于城市区域计算城市空间形态指标、城市空间形态指数以及城市面积。本书在此对这些概念进行界定。

---

① 下载地址：https://eogdata.mines.edu/products/dmsp/#v4_dmsp_download_intercal。

（1）城市区域：指基于夜间灯光数据提取的城市（非农村）区域①。

（2）城市面积：指城市区域的面积。

（3）城市空间形态：侧重关注城市区域二维图形与圆形的差异。其内涵包括：①侧重城市区域的平面形态，不涉及城市建筑高度；②侧重实体形态，由城市实体环境组成；③侧重地理形态，不涉及城市内部交通设施情况。

（4）城市空间形态指标：指基于 Angel 等（2010）的方法计算的一系列指标，用于反映城市空间形态的紧凑性特征，是本书的核心指标。

（5）城市空间形态指数：指使用城市面积标准化后的城市空间形态指标。该指数不受城市面积影响，可以直接反映城市空间形态的紧凑度。

（6）城市空间特征：指城市空间的各种地理、经济特征，包括城市规模、人口密度、城市蔓延和城市空间形态等。

接下来，本书将重点介绍如何利用夜间灯光数据提取城市区域、构造城市空间形态指标、计算城市空间形态指数，并举例说明城市区域的提取结果并得出城市空间形态的计算结果。

3.3.2　城市区域的测度

城市空间形态的测度依赖于城市区域的提取，识别城市区域是计算城市空间形态的第一步。借鉴现有文献的做法，本书使用阈值法提取城市区域。将灯光阈值设定为 35，提取灯光 DN 值高于或等于 35 的区域（Harari，2020）；然后将提取的图像与中国地级市行政区划矢量图叠加；参照国内外文献的做法（Harari，2020；刘修岩等，2019），提取地级市行政区划范围内最大、连续灯光斑块为该地级市的城市区域。使用该方法可以得到 1992—2013 年的城市区域。

在提取城市区域时需要考虑的第一个问题是阈值选择问题。选用不同的阈值会影响识别城市区域的结果。提高阈值会识别出范围更小的城市区域，而降低阈值会识别出范围更大的城市区域。在研究此类问题时，现有文献大都通过改变阈值来检验实证结果的稳健性。

---

① 市区、城区、建成区含义不同。市区是指地级市的所有市辖区，是行政区划概念，既包括城区，也包括周边一定范围的农村。城区是指市辖区中的城市部分，排除了市辖区中的乡镇。建成区则是实际开发建设起来的、集中连片的、市政公用设施和公共设施基本具备的地区。经济数据通常以市区或全市为单位进行统计，本书使用市辖区的经济数据来对应城市区域的经济特征。

在提取城市区域的过程中，测量误差是另一个需要考虑的问题。本书在全国范围使用了同一灯光阈值，且在不同年份之间也使用了同一灯光阈值。对于同一年份的不同城市和不同年份的同一城市来讲，代表城市区域和农村区域分界线的灯光阈值可能有所不同。实际上，测量误差对本书的研究影响较小。一方面，本书关注的是城市空间形态在空间和时间维度上的变异，着重估计城市空间形态变化的经济影响，并非城市空间形态的数值本身。另一方面，本书为城市空间形态构造了工具变量，通过使用工具变量，分离出外生的城市空间形态的变异部分参与回归，可以减少测量误差带来的影响。

最后一个需要考虑的问题是两套夜间灯光数据的一致性问题。很多遥感和地理学科的文献研究如何将 NPP－VIIRS 夜间灯光数据和 DMSP/OLS 夜间灯光数据进行数据间校正以获取更长时间序列的一致灯光数据。数据间的校正具有较高的门槛且没有公认的做法，且经济学研究更多关注的是变化与趋势。因此，现有研究中普遍的做法是，将 1992—2013 年作为一个研究窗口，而将 NPP－VIIRS 夜间灯光数据涉及的年份（2014—2020 年）作为另一个研究窗口，对比两者能否得到一致结论。本书不进行数据间校正。本书在使用 NPP－VIIRS 夜间灯光数据提取城市区域时，借鉴 Ma 等（2014）的做法，将 $\ln W/cm^2/sr$ 作为提取城市区域的阈值来提取 2014—2020 年的城市空间范围。Zhou 等（2021）在测度中国城市区域时也使用了该方法。

3.3.3　城市空间形态指标

城市区域的提取结果为矢量图形。在此基础上，本书参考城市规划学科的指标（Angel et al., 2010），实现对城市空间形态的量化。这些指标都是基于城市内点分布来计算并反映城市空间形态紧凑度的指标。

3.3.3.1　Cohesion

Cohesion 定义为城市内部所有点对之间欧氏距离的平均值，它给予所有内点相同的权重。图 3.1a 为 Cohesion 的示意图。假设城市区域为如图 3.1a 所示的多边形，多边形内部存在无穷多个点。图 3.1a 所示的情况是基于任意 4 个内点计算的 Cohesion 指标。在实际计算过程中，计算机每次随机选择 1 000 个内点并计算两两之间欧式距离的平均值。重复该过程 30 次后，这 30 次随机抽样所得样本的平均值即为 Cohesion 的值。

3.3.3.2 Proximity

Proximity 定义为城市内部所有点到城市中心欧氏距离的平均值，它给予每个内点相同的权重。图 3.1b 为 Proximity 的示意图，图 3.1b 仅以 4 个内点为例。在实际操作中，计算机每次随机选择 1 000 个内点并计算所有内点到城市中心距离的平均值。Proximity 的数值为重复上述过程 30 次的平均值。

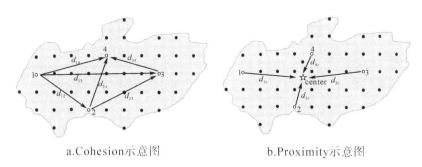

a.Cohesion示意图   b.Proximity示意图

图 3.1 城市空间形态指标示意图

注：①图 3.1a 和图 3.1b 中的黑色圆点代表多边形内部均匀分布的无数个点，白色圆点为随机选择的城市内部点。

②以 Cohesion 为例，在实际计算过程中，计算机每次随机选择 1 000 个内点计算两两之间的欧式距离并取平均值，重复这个过程 30 次再取平均值，得到 Cohesion 的值。

③以 Proximity 为例，图 3.1b 中五角星为多边形的质心。在实际计算过程中，计算机每次随机选择 1000 个内点计算每个点到质心的欧式距离并取平均值，重复该过程 30 次再取平均值，得到 Proximity 的值。

3.3.3.3 Spin

Spin 定义为城市内部所有点到城市中心欧式距离的平方的均值。在 Cohesion 和 Proximity 的计算过程中，每个内点都被赋予相同的权重。而 Spin 构造过程则是对偏远的内点赋予更大的权重，放大了城市空间形态的变异。

3.3.3.4 Range

Range 定义为城市边界上最远的两个点之间的欧式距离，即城市多边形最小外接圆的直径。它代表了城市扩张的最远距离。

表 3.1 总结了城市空间形态变量的定义。根据定义，Cohesion 代表平均意义上城市内部任意两点间的交通距离，这赋予 Cohesion 明确的经济学含义。在面积一定的情况下，城市之间 Cohesion 的差异能够反映城市空间形态紧凑度的差异。考虑两个面积相同但空间形态不同的城市，Cohesion 数值较大的城市内部平均交通距离较长，呈现出较低的空间形态紧凑度；

Cohesion 数值较小的城市内部平均交通距离较短，呈现出较高的空间形态紧凑度。

表 3.1　城市空间形态变量的定义

变量	单位	定义
Cohesion	千米	城市内部所有点对之间的欧氏距离的平均值
Proximity	千米	城市内部所有点到城市中心的欧氏距离的平均值
Spin	平方千米	城市内部所有点到城市中心的欧氏距离的平方的平均值
Range	千米	城市周长上两点欧氏距离的最大值

注：在相同面积下，Cohesion、Proximity、Spin 和 Range 的大小能反映城市空间形态的紧凑度。

Cohesion 的计算方式说明该变量的取值和城市中心的位置无关。Proximity 的计算结果则和城市中心的位置高度相关。在城市经济学中，它可以代表平均意义上城市内部各个地点到城市中央商务区（CBD）的交通距离。对于面积相同的城市，较大（小）的 Proximity 取值意味着较低（高）的城市空间形态紧凑度。本书关注城市空间形态的紧凑性特征，Cohesion、Proximity、Spin 以及 Range 能够反映不同城市空间形态紧凑度的差异，但其对市内平均交通距离的测量本身是不够精确的。由于城市空间形态指标只反映了直线距离，并没有包含城市交通基础设施建设的信息，因此其代表的是经济主体在市内出行距离的最小值。

城市空间形态指标之间是相互联系的。表 3.2 是城市空间形态变量的相关性。可以看出，Cohesion、Proximity、Spin 和 Range 四个指标之间具有显著的正相关关系，相关系数都在 0.93 以上。

表 3.2　城市空间形态变量的相关性

	Cohesion	Proximity	Spin	Range
Cohesion	1			
Proximity	0.999 *** (0.000)	1		
Spin	0.936 *** (0.000)	0.935 *** (0.000)	1	
Range	0.994 *** (0.000)	0.993 *** (0.000)	0.932 *** (0.000)	1

注：相关系数是基于 1992—2013 年的城市空间形态指标计算而得到的。

3.4 城市空间形态紧凑性特征的空间分布与演变趋势

3.4.1 城市空间形态紧凑性特征的空间分布

本章利用城市空间形态的测量结果对中国城市空间形态特征的空间分布现状和时间发展趋势进行分析。中国城市众多，城区广阔，2020年全国城区面积为186 628.87平方千米[①]。中国又是一个地形复杂多变的国家，山地、丘陵和高原面积占全国土地总面积的69%，各地区有利于或不利于城市发展的自然条件有很大差异。除地理因素外，区域经济发展不平衡也是城市规模和城市空间形态有较大地区差异的重要原因。

2020年面积较大的城市主要集中在长三角、京津冀、珠三角和成渝地区。这与第七次全国人口普查对超大、特大城市人口基本情况的调查结论相符。超大、特大城市在吸引更多人口的同时必然也保持了更大的城市用地规模。现有研究也表明，在区域经济一体化过程的推动下，经济要素会向中心城市、城市群进一步集聚（皮亚彬和陈耀，2019）。

值得注意的是，城市空间形态指标不仅能反映城市空间形态的紧凑性水平，还能反映城市面积的大小。因此，在进行比较时，本书先将城市空间形态指标除以城市面积的算数平方根，生成城市空间形态指数。

长三角、京津冀、珠三角和成渝地区的城市均呈现出紧凑的空间形态。通常认为，随着面积的扩大，城市边界触碰到不利于城市发展的自然地形（山地、河流）的概率变大，更有可能呈现出不紧凑的城市空间形态（Burchfield et al.，2006）。Oueslati等（2015）也发现，城市规模与城市蔓延水平正相关，大城市的城市蔓延问题更为严重。

这些研究多以国外城市为研究对象，中国城市发展的情况则与国外有明显不同。首先，政府干预是中国城镇化的一个特点（孙斌栋等，2019）。政府在制订城市扩张方案时，会尽量降低城市道路、管道的铺设成本，扩大基础设施的辐射范围，而紧凑的城市是满足上述要求的较好方案。其次，我国城市群主要集中在平原地区，城市发展受地理环境约束较小。再次，大城市的政府有更强的执行力，具有更高的城市规划、建设、管理水

[①] 数据来源：《中国城市建设统计年鉴》。

平，能实现城市土地的高效利用，这使得大城市的空间扩张更为有序，继而呈现出紧凑的空间形态。最后，大城市在发展过程中，对周边地区的辐射能力增强，更能带动周边农村地区经济发展。其结果是，扩张中的城市在短期内可能会呈现出星形或其他不规则的城市空间形态。但从长期来看，农村地区、城郊地区与核心城区互动增加，农村和城郊地区的灯光亮度提高并与核心城区的灯光连片，填满了原有的空隙。这会使得大城市最终呈现出紧凑的城市空间形态。

紧凑城市的空间分布没有呈现出集中的特征，而是较为分散，中部和西部小城市的空间形态也相对紧凑。方创琳等（2008）发现，城市群综合紧凑度与城市群发育程度呈现出高度相关的特征。但是，城市空间形态紧凑性水平和城市面积的关系很复杂，不一定是正相关关系。面积较小的城市也可能呈现出紧凑的城市空间形态。在城市发展初期，集聚经济占据绝对的主导地位，集聚不经济还没有出现。城市发展初期一般是围绕中心城区呈同心圆向外圈层扩展，这样的扩张模式保持了空间形态的紧凑性。因此小城市的空间形态紧凑度也可能较高。这与潘竟虎和戴维丽（2015）的研究结论一致。上述结论也从侧面体现出本书计算的城市空间形态特征包含了区别于城市面积规模大小的紧凑度信息，代表城市空间特征的一个新的维度。而本书的研究结论和现有研究结论的不同可能是不同的城市发展阶段的差异所致。

3.4.2 城市空间形态紧凑性特征的时间趋势

图 3.2 展示了基于 Cohesion 绘制的城市空间形态的演变趋势。从图 3.2 中可以看出，全国城市的内部平均交通距离在 1992—2013 年呈现出持续增加的趋势。全国层面的平均交通距离增加主要来自超大、特大城市内部平均交通距离的增加。这一时期，城镇化进程高速推进、城市面积快速扩大是城市内部平均交通距离变长的主要原因。图 3.3 展示了 2014—2020 年 Cohesion 的变动趋势。城市整体的内部交通距离缓慢增加，增加幅度较小。

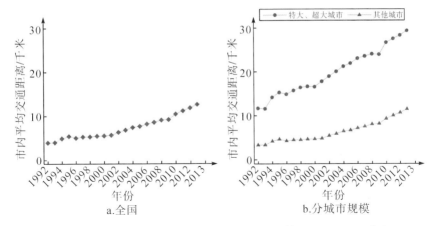

图 3.2　城市内部平均交通距离变化的时间趋势（1992—2013 年）

注：①图 3.2 基于城市空间形态 Cohesion 指标画图，Cohesion 代表城市内部平均交通距离，数值越大代表市内平均交通距离越长，城市空间形态越不紧凑。

②图 3.2a 绘制了全国层面的年均值，图 3.2b 绘制了不同规模城市的均值。

③从 1992—2013 年，全国层面的市内平均交通距离呈现增加的趋势，超大、特大城市的市内平均交通距离较其他城市增长更快。

④这一时期市内平均交通距离的增加，既可能是城市空间形态紧凑度降低所致，也可能是城市面积增加所致。

⑤本图使用 DMSP/OLS 数据计算 Cohesion 指标。

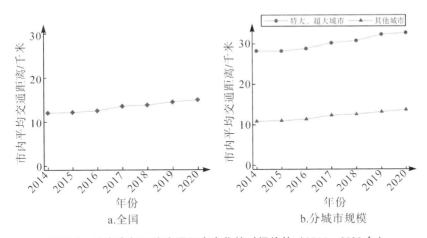

图 3.3　城市内部平均交通距离变化的时间趋势（2014—2020 年）

注：①图 3.3 基于城市空间形态 Cohesion 指标画图，Cohesion 代表城市内部平均交通距离，Cohesion 数值越大，市内平均交通距离越长，城市空间形态越不紧凑。

②图 3.3a 绘制了全国层面的年均值，图 3.3b 绘制了不同规模城市的均值。

③2014—2020 年，全国层面的市内平均交通距离有小幅增长，超大、特大城市和其他城市的变化趋势与总体变化趋势基本一致。

④本图使用 NPP-VIIRS 数据计算 Cohesion 指标。

图 3.4 展示了城市空间形态指数的时间变化趋势。从全国层面来看（见图 3.4a），1992—2013 年城市空间形态指数先下降后上升。其中，1992—2000 年城市空间形态指数缓慢下降，2000—2013 年城市空间形态指数缓慢上升，这表示以 2000 年为界，2000 年以前城市整体的空间形态紧凑性水平缓慢提高，2000—2013 年城市整体的空间形态紧凑性水平缓慢下降。2013 年城市整体的紧凑度与 1992 年相比虽有所下降，但是降低幅度非常小。这和现有研究结论类似。学者普遍认为，我国城市在 2000—2010 年存在低效率扩张的问题（王家庭和张俊韬，2010；叶昌东和周春山，2013）。

城市空间形态在这一时期（1992—2013 年）的变化，可以从我国城镇化快速推进、新空间要素的出现以及政策调控等方面来解释。2000 年以前，城市整体紧凑性水平呈现小幅提高的趋势。这是因为，1990 年开始，我国城镇化快速推进，城市数量逐渐增加，而刚兴起的城市通常经济活动较为集中，拉高了整体的紧凑性水平。也有文献指出，1990—2000 年城市用地空间扩展类型以填充型为主，外延型较少。同时，外延扩张的城市主要位于发展限制较小的平原地区（王新生等，2005）。从总体上看，城市空间形态的紧凑性呈现上升的趋势。

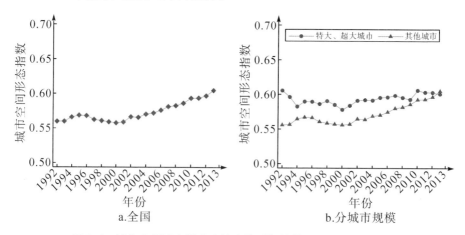

图 3.4　城市空间形态紧凑度演变的时间趋势（1992—2013 年）

注：①图 3.4 基于城市空间形态指数（标准化后的 Cohesion）作图，该指数剔除了面积的影响。数值越大代表城市空间形态越不紧凑。

②图 3.4a 绘制了全国城市空间形态紧凑度的变化趋势，图 3.4b 分组绘制了不同规模城市的空间形态紧凑度的变化趋势。

③1992—2013 年，全国城市空间形态紧凑性水平总体呈现下降趋势，其中超大、特大城市空间形态紧凑性水平虽有波动，但总体上变化不大，其他城市呈现出明显的紧凑性水平下降的趋势。

④本图使用 DMSP/OLS 数据计算城市空间形态指数。

2000 年以后，我国城市建设速度加快，城市规模持续扩大。20 世纪 90 年代，中国经济体制发生了根本性的转变。土地制度改革、住房制度改革给予城市更大的发展空间，许多新的空间要素相继出现。潘竟虎和戴维丽（2015）指出，新的空间要素包括产业园、物流园等产业空间；商品别墅、保障性住房等新型居住空间；大学城、软件园等专业设施空间以及卫星城、城市新区等综合城市空间。上述新空间要素多位于城郊，并且在和城市连片后影响城市的空间形态。这一时期，户籍制度的放松加速了人口流动，中西部地区人口向东部沿海地区集聚，农村人口进入城市中。要素的流入促使部分城市快速扩张，而城市高速扩张的时期，城市空间形态的规则性更容易受损。因此，2000 年以后，全国层面的城市空间形态紧凑度开始下降。

图 3.5 展示了 2014—2020 年城市空间形态紧凑度的变化趋势。这一时期城市空间形态的紧凑性水平有所波动，但总体保持稳定[①]。在《国家新型城镇化规划（2014—2020 年）》"以人为本"的核心理念指导下，地方政府在城市规模和形态演变方面都进行了一些有益的调控。地方规划部门通过城市总体规划影响城市扩展的方向和距离，并尽量避免城市过度扩张。这些举措有利于保持城市空间形态的紧凑性和稳定性。

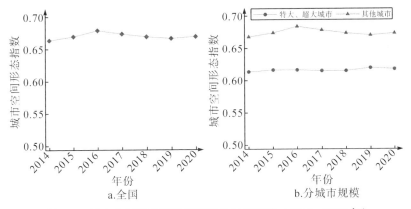

图 3.5 城市空间形态紧凑度演变的时间趋势（2014—2020 年）

注：①图 3.5 基于城市空间指数（标准化后的 Cohesion）作图，该指数剔除了面积的影响。数值越大代表城市空间形态越不紧凑。
②图 3.5a 绘制了全国城市空间形态紧凑度的变化趋势，图 3.5b 分组绘制了不同规模城市的空间形态紧凑度的变化趋势。
③2014—2020 年，全国城市空间形态总体上紧凑性水平基本保持不变，其中超大、特大城市和其他城市的紧凑性水平和总体的趋势相同。
④本图使用 NPP-VIIRS 数据计算城市空间指数。

---

① 本书利用 NPP-VIIRS 数据分析 2014—2020 年城市空间形态的变动趋势。NPP-VIIRS 数据精度更高，能记录单位面积更小的灯光，包含了更多的形态细节（如延伸的道路），从而使城市空间形态的紧凑性水平下降。因此，图 3.5 和图 3.4 相比，城市空间形态指数有所上升。

需要特别注意的是，上述趋势分析指出我国城市空间形态紧凑性水平在1992—2020年有小幅度降低，而这个时期我国经济保持持续增长。这是否说明不紧凑的城市空间形态有利于经济增长呢？事实并非如此。

首先，在全国层面计算城市空间形态紧凑度年均值时，每个城市的权重是相同的，但是城市之间经济规模的差异却很大。如果城市空间形态紧凑度降低幅度较大的是小城市，而大城市较好地保持了其空间形态的紧凑性水平，那么，城市整体空间形态紧凑度下降就可能与城市经济持续增长并存，但不能就此得出不紧凑的城市空间形态有利于经济增长的结论。实际上，大城市的空间形态紧凑度确实保持得更好。

其次，城市扩张过程中城市空间形态的变化也能解释该现象。当经济集聚到一定水平后，城市不再按圈层模式向外扩张，而是集中往一个方向扩张。道路可能向某个方向延展，逐渐提高了交通走廊附近地区的经济活跃水平。在这个过程中，城市空间形态变得不紧凑，但这种情况恰恰说明城市有了新的发展动力和经济增长的潜力。当各个方向的交通走廊中间的部分也发展起来，城市整体又会回到紧凑的形态上。可以说，空间形态的不紧凑是城市发展过程中必然会出现的问题。

接下来，本书进一步使用空间分布图，从城市层面来展示城市空间形态的演变趋势。

从城市个体来看，1992—2000年，在观测到的249个城市中[①]，有145个城市的空间形态指数下降，城市空间形态紧凑度提高；有104个城市空间形态指数上升，城市空间形态紧凑度下降。紧凑度提高的城市占比为58.2%，说明大部分城市的空间形态紧凑性水平提高。这对应了该时期全国城市空间形态紧凑度提高的现象。

相比于2000年以前，2001—2013年的城市空间形态变动较为剧烈。在使用夜间灯光数据观测到的290个城市中，仅有76个城市的空间形态指数下降，城市空间形态紧凑度提高；有214个城市空间形态指数上升，城市空间形态紧凑度下降。紧凑度下降的城市占比为73.8%，说明大部分城市的空间形态紧凑性水平下降。这与该时期全国城市空间形态紧凑性水平下降的特征相符。

2014—2020年，城市空间形态的变化趋于缓和，城市空间形态紧凑度

①　由于1992年部分城市在使用灯光数据监测时，没有提取到城市区域，因而样本量较少。

总体上没有进一步下降。在灯光可以观测到的 297 个城市当中，有 168 个城市空间形态指数下降，城市空间形态紧凑度上升；有 129 个城市空间形态指数上升，城市空间形态紧凑度下降。紧凑度上升的城市占比为 56.6%（见图 3.5）。这说明大部分城市的空间形态紧凑性水平趋于稳定，与该时期全国城市空间形态指数保持基本不变的特征相符。

3.5 本章小结

聚焦于城市空间形态紧凑性特征，本书采用多时相、广覆盖的全球夜间灯光数据来量化中国城市的空间形态特征，并在此基础上回答中国城市空间形态的空间分布和变化趋势等问题。

本章首先对城市区域、城市面积、城市空间形态、城市空间形态指标和城市空间形态指数等贯穿全文的关键概念进行了界定。城市区域指基于夜间灯光数据提取的城市（非农村）区域；城市空间形态指城市区域的二维平面形态；城市空间形态指标是一系列反映城市空间形态紧凑性特征的指标，其中 Cohesion 可以反映城市内部的平均交通距离，是本书的核心指标。城市空间形态指数是使用城市面积标准化后的城市空间形态指标。

本书基于使用灯光数据提取的 1992—2020 年中国 297 个地级及以上城市区域，计算了城市空间形态指标。在面积相同的情况下，城市空间形态指数的大小可以直接反映城市空间形态与圆形空间布局差异的大小，从紧凑性的角度解决了城市空间形态难以测量的问题。为了剔除面积的影响，本章还用到城市空间形态指数（标准化的城市空间形态指标），并基于该指数对中国城市空间形态的空间分布和演变趋势进行了分析，有以下发现：第一，目前我国城市总体的空间形态紧凑性水平较高；第二，城市空间形态的空间分布没有呈现出明显的空间集聚特征；第三，城市空间形态的紧凑性水平和城市面积没有必然联系，大城市和小城市都可能呈现出紧凑的空间形态；第四，1992—2020 年，中国城市空间形态紧凑度总体上经历了先上升后下降再逐渐趋于平稳的演变过程。其中，1992—2000 年，有58.23%的城市空间形态紧凑度提高。2001—2013 年，这一比例仅有26.2%。2014—2020 年，紧凑度提高和降低的城市几乎各占一半，城市空间形态紧凑度总体趋于稳定。

本章是全书的基础性章节。量化城市空间形态紧凑性特征是深入了解我国城市空间形态现状和演变过程的基础，也是进一步开展实证分析的前提。为了方便比较，本章较多使用了城市空间形态指数，在后续的研究中，本书主要使用包含距离信息的城市空间形态指标。

4 城市空间形态与城市经济增长

4.1 概述

国务院印发的《全国国土规划纲要（2016—2030 年）》强调"促进城镇集约紧凑发展，提高国土开发效率"。《国家新型城镇化规划（2014—2020 年）》强调"优化布局，集约高效。根据资源环境承载能力构建科学合理的城镇化宏观布局"。城市高质量发展目标要求我们在发展中合理控制城市边界，科学规划城市空间形态。面临扩张压力的城市更容易呈现出不紧凑的城市空间形态（Burchfield，et al.，2006）。同时，作为经济和社会发展结果的城市空间布局反过来也会对城市经济活动产生持续、深远的影响（Camagni et al.，2017；Meijiers 和 Hoogerbrugge，2016）。

随着空间经济学的发展，越来越多的研究关注空间集聚、城市蔓延和城市空间结构对经济增长的影响（Cervero，2001；Fallah et al.，2011；Lee 和 Gordon，2011；Meijers 和 Burger，2010），但少有文献关注城市在空间形态上的多样性。一方面，现有的描述城市空间特征的指标大都基于统计数据计算，缺乏距离维度的信息；另一方面，现有指标普遍忽略了城市在地理形态上的差异——一些城市的平面布局近似于圆形，另一些城市则在一个方向上延伸过远。城市空间形态的异质性已经引起了城市规划研究者的关注（Angel et al.，2010），但是对于城市空间形态如何影响经济增长，学者们还鲜有研究。

本书所关注的城市空间形态，侧重通过距离信息反映城市空间局部的紧凑性水平。经济发展水平较高的长三角、珠三角和京津冀地区，城市空间形态都相对紧凑，这并不是偶然。在城市用地快速扩张的过程中，城市受到发展模式、经济重心、地理障碍等影响，形成独特的城市空间形态。非地理因素导致的城市扩张方向单一，可能会加大城市规划的难度，降低土地利用效率，不利于经济增长。而紧凑的城市空间形态有利于发挥经济集聚作用，促进经济增长。如图 4.1 所示，随着城市空间形态紧凑性水平的降低，人均 GDP 水平下降。城市空间形态紧凑度和经济增长呈现较强的正相关关系。

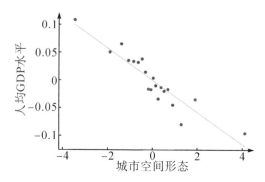

图 4.1　城市空间形态和人均 GDP 的相关关系

注：①图 4.1 基于城市空间形态指标 Cohesion 画图，Cohesion 越大，城市空间形态越不紧凑。

②画图命令为 Stata 里的 binscatter 命令。画图过程中将 Cohesion 等分为 20 组，点的横坐标为 Cohesion 每组的中位数，点的纵坐标为每组人均 GDP（对数）的平均值。

③图 4.1 控制了城市固定效应和时间固定效应。

④图 4.1 显示，随着城市空间形态紧凑性水平下降，人均 GDP 水平也下降。

　　基于上述分析，本书以 2001—2019 年我国 264 个城市为研究对象，从宏观城市层面研究了城市空间形态对经济增长的影响。城市空间形态的内生性是评估城市空间形态经济作用的难点。本书基于历史人口和不变的地理环境信息，构造在空间和时间维度都存在变异的潜在的城市空间形态作为实际的城市空间形态的工具变量，解决模型的内生性问题。具体而言，本书首先使用固定效应模型，检验城市空间形态与经济增长的关系，并使用广义矩估计法，从模型内寻求工具变量来解决内生性问题。结果显示，在城市空间形态紧凑性水平提升的情况下，人均 GDP 也会随之增加。为了保证结论的可靠性，本书进一步基于潜在的城市空间形态，验证城市空间形态与经济增长的因果关系。研究发现，市内平均交通距离缩短 1 千米会使人均 GDP 增长 3.2 %。这表明，在空间规模一定的情况下，空间形态紧凑性水平高的城市更有利于经济增长。该结论同时表明，目前在中国的城市中集聚经济仍然是主导力量。本书还通过异质性分析，检验不同城市规模、人口密度和产业结构中城市空间形态对经济增长影响的异质性。

与已有研究相比，本书的边际贡献主要体现在以下三个方面：第一，从城市空间形态紧凑性的角度探究城市空间形态的经济影响，这是对城市空间特征与经济增长相关研究的有益补充。第二，有别于现有文献使用统计数据构造城市空间特征指标，本书所使用的城市空间形态指标从紧凑性角度解决了城市空间形态无法测量的问题。该指标基于二维城市平面图形计算，包含了丰富的距离信息并具有明确的经济含义。第三，使用时变的工具变量解决模型的内生性问题，得到城市空间形态影响经济增长结果的准确估计，这是对 Harari（2020）等研究的扩展。

本章余下部分的安排为：4.2 节提出研究假说，4.3 节介绍本章使用的数据和样本，4.4 节介绍计量模型，4.5 节得出实证结果，4.6 节是本章小结。

4.2 研究假说

国内外学者基于不同测量方式在不同区域层面对经济要素的空间集聚开展了丰富的研究。对于空间集聚这一概念，一些文献使用城市规模大小（Henderson，1974；郭晓丹等，2019）或要素密度来衡量（Bertaud，2004；Ciccone 和 Hall，1996；陈良文等，2008）；一些文献基于城市空间结构（Meijers 和 Burger，2010；Meijiers 和 Hoogerbrugge，2016；刘修岩等，2017；孙斌栋和李琬，2016）或城市蔓延程度来衡量（Fallah et al.，2011；秦蒙和刘修岩，2015）。多数文献肯定了城市层面要素空间集聚对经济增长的正向作用。Fallah 等（2011）基于美国大都市区人口密度分布和土地利用情况构造了城市蔓延指数，发现城市蔓延导致平均劳动生产率下降。秦蒙和刘修岩（2015）的研究使用了来自中国地级市层面的面板数据，同样支持城市蔓延有损市生产率提高的结论。不过也有研究指出，交通技术进步和运输成本下降使集聚效应的强度有所降低（Glaeser et al.，2001），且在交通拥堵和环境污染等集聚不经济力量的作用下，要素集聚的优势在一定程度上被削弱（Glaeser 和 Kahn，2004；李晓萍等，2015）。

城市是经济活动的空间载体，紧凑城市内部经济要素的空间分布有更高的集中度。而集聚经济的存在意味着紧凑的城市空间形态更有利于经济增长。紧凑城市能够促进经济增长，主要包括以下两个原因：

第一，紧凑城市具有生产外部性，体现为空间紧凑的城市有利于提高企业生产效率。根据集聚经济理论，空间上邻近的企业通过共享劳动力池、中间供应商和技术，相互学习知识和技术，更好地匹配生产要素等方式提高经济效益（Duranton 和 Puga，2004）。在紧凑的城市中，经济活动参与者彼此之间的空间距离更短，这会带来多方面的积极效果。从共享资源的角度来看，紧凑城市中交通基础设施的利用率更高，更有利于道路、桥梁等设施的布局和建设（Brueckner，2000）。从知识溢出的角度来看，城市内部平均交通距离变短有利于开展面对面的商务交流和合作（Duranton 和 Puga，2001）。从匹配的角度来说，紧凑城市降低了企业和个人在交通上付出的金钱和时间成本，对企业和个人在城市内部的流动起到了促进作用（Helsley 和 Strange，1990）。在这个过程中，集聚是不断进行自身强化的（Fujita，1988）。处于经济增长阶段的区域会吸引更多的企业和人口，人口集聚增加了劳动力供给，也扩大了商品需求，并进一步加速物质资本、人力资本和知识资本等要素的积累，促进经济持续增长（Baldwin 和 Martin，2004）。

第二，紧凑城市具有消费外部性，这可能吸引高技能人口集聚，从而促进企业生产效率的提高和城市经济的增长。越来越多的研究表明，城市对人口的吸引不仅来自就业机会和收入增加，还与城市提供的消费环境有关（Glaeser et al.，2001）。这包括丰富的娱乐和生活方式以及多样化的产品和服务（Adamson et al.，2004；Costa 和 Khan，2000）。在空间一般均衡的框架中，紧凑城市有更高的房价和更低的工资，但仍然能吸引人们在此定居。因此，紧凑城市为居民带来的空间外部性可以理解为消费上的便利性（Harari，2020）。而高技能人口更倾向于定居在消费水平更高的城市（Lee，2010）。目前直接研究紧凑城市消费外部性的文献还较少，但已经有一些文献研究显示，人口集聚增加了不可贸易品的多样性（李兵等，2019），并能显著促进服务业发展、增加居民服务性消费（钟粤俊等，2020）。

紧凑城市还通过工资溢价吸引人口。刘修岩等（2019）借助夜间灯光数据和 LandScan 人口分布数据发现，空间形态紧凑的城市加强了企业间的集聚外部性。紧凑城市既有利于技术的溢出和企业生产效率的提高，又能降低交通运输和人员流动成本。生产效率提高和交易成本降低会使得企业增加对要素的回报，所以紧凑城市中居民的收入更高。一些文献指出，紧凑城市通过缩短交通距离，减少能源消费从而降低碳排放水平，改善城市环境和气候条件（Angel et al., 2020）。这些都是紧凑城市吸引人们定居的重要原因。

由于集聚经济和集聚不经济力量的存在，很多文献强调城市规模对经济影响的非线性作用，即城市规模并非越大越好，而是有一个最优规模（Au 和 Henderson，2006；Henderson，1974；Lee 和 Gordon，2011；柯善咨和赵曜，2014；梁婧等，2015）。但在考虑城市空间形态紧凑性对经济增长的影响时则不需要考虑非线性作用。首先，圆形空间布局是城市布局能呈现出的最紧凑的形态（Angel et al., 2010），在这种情况下，城市内部经济参与者之间的空间距离最短。城市空间形态越趋近于圆形，越有利于集聚经济效应的发挥。其次，紧凑的城市空间形态并不意味着限制城市规模扩大，而是在相同的城市用地规模条件下，缩短城市内部平均交通距离。因此，本书认为，城市空间形态紧凑性与经济增长的关系应该理解为线性关系。

综上所述，本书提出研究假说 4.1：城市空间形态紧凑性水平提高有利于城市经济增长。

集聚经济效应在不同城市规模、人口密度和产业结构的城市中存在较大差异，城市空间形态对不同城市的影响也不尽相同。大城市拥有更多的厂商和劳动力，在城市空间形态紧凑性水平提高后，更容易通过共享、学习和匹配等机制发挥集聚经济效应（Duranton 和 Puga，2004）。现有文献发现，城市空间特征和城市规模、人口密度有显著的交互效应，较大的城市规模和人口密度有利于减少城市蔓延带来的负面影响（Fallah et al., 2011；秦蒙等，2019）。小城市本身就缺乏规模优势，不紧凑的发展模式会进一步扩大经济效率的损失（Lee 和 Gordon，2011）。不同产业结构也会影响城市空间形态的作用。早期研究中集聚经济出现在第二产业中，相关研究发现，第二产业比第三产业更容易从空间集聚中获益（秦蒙等，2019）。工业企业较为依赖交通基础设施的共享、生产技术的学习等，因此工业生产活动对空间距离远近更为敏感。

综上所述，本书提出研究假说 4.2：城市规模的扩大和人口密度的提高，有利于强化紧凑的城市空间形态对经济增长的促进作用，第二产业占比更大的城市更容易从紧凑的城市空间形态中获益。

4.3 研究数据

4.3.1 数据来源与匹配

4.3.1.1 卫星夜间灯光数据

DMSP/OLS 夜间灯光数据来自美国国防气象卫星计划,该影像数据记录了地球上 30 角秒×30 角秒栅格单位的灯光亮度值,取值范围为 0~63。官方提供了校正过后的 DMSP/OLS 夜间灯光数据,解决了灯光饱和问题。NPP-VIIRS 夜间灯光数据来自国家极地轨道合作伙伴卫星系统。数据精度为 15 角秒×15 角秒,记录的是栅格的光线强度,单位为 $W/cm^2/sr$。NPP-VIIRS 夜间灯光数据得益于传感器技术改进,不存在灯光饱和问题。

夜间灯光数据具有覆盖范围广、时间序列长等优点,近年来广泛应用于经济学研究中,涉及城市扩张监测、人口分布模拟等方面(Donaldson和 Storeygard,2016)。灯光数据在地理信息系统软件(ArcMap)中经过投影、裁剪、分割等预处理后,用于计算城市空间形态关键指标。

4.3.1.2 Landsat 4-5 TM 卫星遥感数据

Landsat 卫星遥感数据[1]源于美国陆地卫星(Landsat)计划,该计划是运行时间最长的地球观测计划,覆盖北纬81°到南纬81°的地表范围。通过1 号~5 号陆地卫星拍摄了自 1972—2013 年的遥感图像。本书所使用的为4 号和 5 号卫星所拍摄的 1985 年左右的遥感影像。该影像由 7 个波段组成,分辨率为 30 米。

4.3.1.3 DEM 数字高程数据

数字高程模型(digital elevation model,DEM),是基于地形高程数据对地面地形的数字化表达,可以派生出坡度、坡向等地貌特征。本书使用的是美国"奋进"号航天飞机所搭载的 SRTM 系统测量的高程数据。该项目由美国国家航空和航天局(NASA)和国防部国家测绘局(NIMA)以及德国与意大利航天机构共同合作完成,获取了北纬60°至南纬60°之间总面积超过 1.19 亿平方千米的雷达影像数据,覆盖地球80%以上的陆地表面。

---

[1] 该数据广泛应用于有关城市用地扩展和城市空间形态演变的研究中(Henderson et al.,2003;Naikoo, et al.,2020)。

该项目的数字地形高程模型于 2003 年发布，数据精度为 90 米。

4.3.1.4 城市统计数据

城市的经济特征数据来自 2002—2020 年《中国城市统计年鉴》。《中国城市统计年鉴》由国家统计局收集发布，集中反映上一年度中国国民经济和城市发展情况，具体包括人口、综合经济、交通运输、固定资产投资、教育文化、市政公用事业等数据，每年大约统计了 300 个地级市的信息。本书主要使用人均 GDP、人口规模等指标以控制地区随时间变化的宏观经济特征。

城市层面的平均受教育年限数据来自全国人口普查数据。全国人口普查数据较为详细地统计了区县层面的不同教育层次的人口数量和平均受教育年限。基于此，本书整理了城市市辖区人口平均受教育年限数据。城市空间形态的测量对象为城市区域，因此，本书使用《中国城市统计年鉴》和全国人口普查数据中辖区的数据与其对应。

4.3.2 变量与描述性统计

4.3.2.1 主要变量

城市空间形态的研究对象是城市区域，城市空间形态的计算分为两步。第一步，提取地级市行政区划范围内灯光亮度值大于 35 的最大连片斑块作为城市区域。第一步的结果生成了城市多边形矢量图形。第二步，计算 Cohesion、Proximity、Spin、Range 等城市空间形态指标。Cohesion 定义为城市内部所有点对之间欧式距离的平均值，Proximity 定义为城市内部所有点到城市中心欧式距离的平均值。城市空间形态的提取、计算和变量定义在第 3 章中有详细介绍。城市面积变量是基于城市多边形矢量图形计算的面积。在计算距离指标和面积指标之前，本书先将影像数据进行投影坐标变换，计算出来的距离和面积才是地表的真实值。

本书使用城市市辖区实际人均 GDP 来衡量经济增长。实际人均 GDP 由各年的名义人均 GDP 剔除价格因素得到。本书用对数人均社会固定资产投资衡量资本投入。已有的统计资料中没有城市劳动力人口的平均受教育年限数据（夏怡然和陆铭，2015），本书根据全国人口普查数据整理得到市辖区人口的平均受教育年限，然后与在岗职工规模相乘来衡量人力资本。该指标同时包含了人力资本数量（在岗职工规模）与人力资本质量（平均受教育年限）的信息。

4.3.2.2 主要变量的描述性统计

在实证环节，本书剔除了新疆、西藏、青海的城市样本，共获取城市样本 3 372 个。表 4.1 给出了主要变量的描述性统计。

表 4.1 主要变量的描述性统计

变量	均值	标准差	最小值	中位数	最大值
对数人均 GDP/元	11.077	0.622	8.499	11.092	13.586
Cohesion/千米	9.275	6.743	0.652	6.961	41.118
对数城市面积/平方千米	5.131	1.160	0.889	5.012	8.575
对数人均固定资产投入/元	9.471	1.025	5.722	9.538	11.988
对数人均财政支出/元	8.071	1.066	0.100	8.016	11.957
人力资本	6.152	2.245	0.979	5.781	15.793

注：各指标的观测值个数均为 3 372。

4.4 实证模型

4.4.1 基准模型

根据前面的分析，本书基于以下模型对研究假说进行实证检验：

$$\ln(\mathrm{gdppc}_{c,t}) = \alpha \cdot \mathrm{Shape}_{c,t} + \beta \cdot \ln(\mathrm{area}_{c,t}) + \delta X_{c,t} + \eta_c + \xi_t + \varepsilon_{c,t}$$

$$(4.1)$$

其中，c 和 t 分别指代城市和年份。对数人均国内生产总值 $\ln(\mathrm{gdppc}_{c,t})$ 是模型的被解释变量，$\mathrm{Shape}_{c,t}$ 代表城市空间形态，是模型中的关键解释变量。对数城市面积 $\ln(\mathrm{area}_{c,t})$ 与城市空间形态密切相关，是重要的控制变量。只有在控制了城市空间规模的情况下，城市空间形态的外部性才能反映城市空间形态紧凑性对经济增长的影响。$X_{c,t}$ 代表影响经济增长的一系列指标，包括人均固定资产投资、人力资本、政府财政支出等。模型（4.1）中还加入了时间固定效应 ξ_t 和城市固定效应 η_c 以控制时间趋势和不随时间变化的城市特征。$\varepsilon_{c,t}$ 是误差项。

4.4.2 内生性问题和工具变量的构造

使用 OLS 直接估计模型（4.1）带来的主要问题来自内生变量——城

市空间形态带来的估计偏误。内生性的第一个来源是遗漏变量。地方政府的规划和执行能力是影响中国城市空间形态的一个重要因素（Deng et al.，2008；潘竟虎和戴维丽，2015）。例如，地方政府可以通过城市总体规划引导城市扩张，并引起城市外部形态的变化（潘竟虎和戴维丽，2015）。政府的管理优势不仅体现在城市建设方面，还体现在经济发展上（刘修岩等，2017）。因此，政府能力更强的城市，在城市空间形态紧凑性和经济效率上都可能处于较高水平，这使紧凑的城市空间形态与城市经济增长同向变动，但两者并不构成因果关系。此外，城市交通基础设施建设明显会影响城市布局，例如道路延伸会导致城市蔓延（Glaeser 和 Kahn，2004），而交通基础设施的建设有利于促进区域一体化并推动区域经济的发展（刘冲等，2020）。在没有准确控制城市交通通达性的情况下，不考虑模型的内生性可能会得出错误的结论。内生性的第二个来源是逆向因果。经济增长可能会反过来影响城市的空间形态。例如，有文献发现，经济增长推动城市加速向外扩张，使城市空间形态更容易受到不利地形的影响（Burchfield et al.，2006）。人均收入的增加导致人们对住房面积需求的增加，也会促进城市外扩和城市空间形态紧凑性水平降低（Wheaton，1974）。

为解决内生性问题，本书采用文献中常用的工具变量法。如何构造出时变的工具变量是寻找工具变量的难点。本书将外生性较强的地理条件和历史信息相结合，构造潜在的城市空间形态作为实际的城市空间形态的工具变量。一般来说，城市发展的外部地理环境不随时间变化，但城市扩张过程包含时间维度的变异，两者叠加生成的潜在城市空间形态同时满足外生性和相关性的要求。

本书先基于新中国成立后全国人口普查数据预测城市人口规模，然后参照 Harari（2020）的做法，基于预测的人口规模绘制圆形城市空间。随后，本书剔除圆形城市空间中因受地理条件限制而无法进行城市建设的部分，最终得到潜在的城市区域多边形。具体步骤如下：

第一步，预测城市人口。本书收集了 1953 年、1964 年、1982 年、1990 年全国人口普查的城市人口数据，并将早期行政区划与 2010 年的行政区划范围进行匹配；然后使用对数城市人口对年份进行回归，得到 2001—2019 年每年城市人口的预测值 $\widehat{pop}_{c,t}$。

第二步，预测城市面积。从全国人口普查中收集了 1990 年的城市人口密度，并使用式（4.2）进行回归。式（4.2）的含义是，假设城市人口按照 1953—1990 年的人口增长速率增长，且人口密度保持在 1990 年的水平，那么城市空间规模应该有多大。通过线性预测，本书得到每个城市每年潜在的城市面积 $\widehat{\text{area}}_{c,t}$。潜在的城市面积仅和预测的城市人口和 1990 年的城市人口密度相关，具有较强的外生性。

$$\ln(\widehat{\text{area}}_{c,t}) = \alpha \cdot \ln(\widehat{\text{pop}}_{c,t}) + \beta \cdot \ln(\text{density}_{c,\,1990}) + \gamma_t + \varepsilon_{c,t} \qquad (4.2)$$

第三步，计算城市半径。在没有外力作用的情况下，城市在每个方向上都存在向外扩张的可能。假设城市按照同心圆形态朝外圈层扩张，可以计算得到城市半径 $\widehat{\text{radius}}_{c,t}$（式 4.3）。$\widehat{\text{radius}}_{c,t}$ 反映了城市的扩张轨迹，在城市和时间两个维度存在变异。

$$\widehat{\text{radius}}_{c,t} = \left(\frac{\widehat{\text{area}}_{c,t}}{\pi}\right)^{\frac{1}{2}} \qquad (4.3)$$

第四步，确定城市中心。早期的卫星遥感影像记录了城市发展初期的形态。本书收集了 1985 年的 Landsat 4–5 TM 卫星影像数据[1]，通过目视解释的方法，手动绘制并提取出 1985 年的城市区域。接下来，绘制该区域的最小外接圆并将该圆的圆心设定为城市的中心。

第五步，绘制圆形城市区域。在已知城市发展起点（城市中心）和城市发展轨迹（城市半径）的基础上，假设城市在扩张过程中始终保持圆形形态，可以在地图上绘制出圆形的城市区域。第一步至第五步的操作都是基于历史数据完成的，不包含影响实际的城市空间形态与城市经济增长的因素，因此，圆形城市区域具有较强的外生性。

第六步，识别城市可发展空间。为了增强工具变量与内生变量的相关性，本书在工具变量的构造中加入城市在实际扩张过程中可能遇到的阻碍。中国是一个地形复杂的国家，山地、丘陵众多，而地形和坡度是影响城市建设的重要地理因素。参照有关规定[2]和文献（Saiz，2010；Harari，2000），本书基于 DEM 高程数据提取低于 15% 坡度的区域作为适宜城市建设的区域。同时，本书还考虑到水体（主要为海洋）[3] 和地级市行政边界

---

① 1985 年，一些未知原因造成卫星影像缺失，因此本书使用前后一两年的卫星影像进行补充。

② 《城市用地竖向规划规范》中对城市主要建设用地适宜规划坡度的规定为，城市道路用地、工业用地、公共设施用地、居住用地的最大坡度（单位：百分比坡度）分别为 8%、10%、20%、25%。

③ 城市内部的河流和湖泊并不是限制城市发展的因素。例如，很多城市都修建了跨江大桥，而湖泊可能演化为城市内部的景点。

对城市扩张的限制。

第七步，绘制潜在的城市区域。对第五步中得到的城市区域施加第六步的限制条件，裁减不适宜城市建设的部分：①高于15%坡度的区域；②超出所属地级市行政边界的部分，所得的城市多边形即为理想情况下的城市区域，本书称其为潜在的城市区域。

第八步，计算潜在的城市区域的空间形态指标。基于潜在的城市区域，使用第3章中的计算方法，可以得到潜在的城市空间形态指标。潜在的城市空间形态指标和实际的城市空间形态指标在理论上具有较强的相关性。

以上为城市空间形态工具变量的构建过程，它解决了工具变量难以随时间变化的问题。潜在的城市空间形态是城市在理想状态下扩张并考虑地形障碍阻挡的结果。在城市和时间维度上都存在变异是其有别于现有工具变量的特点。

潜在的城市空间形态满足工具变量的三个条件。第一，外生性。构造潜在的城市空间形态的过程分离了由未观察到的政府能力和难以测量的城市交通状况导致的城市空间形态的变化，只保留了城市空间形态的外生部分。工具变量的外生性主要源于构造步骤的前五步。第二，相关性。影响潜在的城市空间形态的地理条件同样会影响实际的城市空间布局，这使得潜在的城市空间形态和实际的城市空间形态具有较强的相关性。工具变量的相关性主要来自构造步骤的第六步和第七步。第三，排他性。潜在的城市空间形态仅可以通过影响实际的城市空间形态来影响经济增长，潜在的城市空间形态本身只是一种理想的情况，它仅仅反映实际的城市空间形态的一种可能，并不反映其他变量的信息。采用潜在的城市空间形态作为工具变量是本书解决城市空间形态内生性问题的主要方法。

4.5　实证结果

4.5.1　城市空间形态与经济增长

表4.2是本书的基准回归结果。第（1）列为二元回归结果，得到了经济增长与Cohesion具有负的相关关系的结果。第（2）列加入对数城市面积作为控制变量。结果显示，在城市面积一定的情况下，Cohesion和人均GDP仍为显著负相关。第（3）列加入城市层面的一系列控制变量，城市空间形态系数为−0.021并在1%的水平下显著。所有列都控制了城市固

定效应和时间固定效应。需要注意的是，城市空间形态指标（Cohesion）数值越大，说明城市空间形态紧凑性水平越低。因此，表 4.2 的结果说明，城市空间形态紧凑性水平越高，人均 GDP 越高。这初步验证了提高城市空间形态紧凑度有利于经济增长。城市主要为第三产业和大部分第二产业提供生产、经营场所，第二产业和第三产业也是地区经济增长的引擎。不紧凑的城市空间形态导致经济要素之间相隔较远，降低了信息交流、知识溢出的可能性，难以发挥集聚经济优势。不紧凑的城市空间形态还缩小了市政公共设施的服务范围，降低了基础设施的利用率。这些负面影响最终会通过降低企业生产效率、提高企业生产经营成本来阻碍经济增长。

从控制变量来看，城市面积对经济增长的影响显著为正，说明了大城市更有利于经济增长。这和现有文献的研究结论一致。综合 Cohesion 的系数来看，用地规模较大且空间形态紧凑的城市人均 GDP 也更高，这暗示目前在中国的城市中集聚经济仍然占据主导地位，总体上没有显示出集聚不经济的现象。灯光亮度分布代表了人口活动的分布，以灯光阈值法提取的城市面积一定程度上代表了地方的人口集聚水平，因此鼓励经济要素向城市集中，同时在城市向外扩张时重视城市空间布局的紧凑性，能更好地促进地方经济的发展。

人均固定资产投资和人均物质资本通常成正比，前者系数显著为正，代表物质资本的投入对经济增长有正的影响。人均财政支出代表了政府对经济的干预程度，该结果说明政府适当干预在推动地方经济增长中起到正向作用。人力资本水平系数为正，但是不显著。这可能是因为人力资本不容易准确衡量。

表 4.2 城市空间形态与经济增长：固定效应模型

被解释变量	（1）	（2）	（3）
		对数人均 GDP	
Cohesion	-0.012^{***}	-0.029^{***}	-0.021^{***}
	（0.003）	（0.003）	（0.003）
对数城市面积		0.246^{***}	0.166^{***}
		（0.031）	（0.034）
对数人均固定资产投资			0.127^{***}
			（0.026）
对数人均财政支出			0.056^{***}
			（0.020）

表4.2(续)

被解释变量	（1）	（2）	（3）
		对数人均GDP	
人力资本			0.007
			(0.017)
年份固定效应	控制	控制	控制
城市固定效应	控制	控制	控制
样本个数	3 372	3 372	3 372
调整的 R^2	0.908	0.914	0.919

注：①所有列都不包含截距项。

②括号内汇报了聚类在城市层面的标准误。

③ *、**、*** 分别代表在10%、5%和1%的水平上显著。

城市空间形态紧凑度可能影响经济活动的效率，地区经济增长反过来也可能重塑城市的空间形态（Burchfield et al.，2006）。本书先采用系统GMM方法来减轻变量互为因果对系数估计的影响，该方法以滞后的解释变量作为模型内生变量的工具变量。

表4.3的第（1）列汇报了系统GMM的结果，第（2）列汇报了加入被解释变量滞后项的固定效应模型的结果。滞后项的加入使回归样本相比于基准回归有所减少。城市空间形态变量在第（1）列和第（2）列中都显著为负，显著性水平为1%，说明城市空间形态紧凑性水平的下降会导致人均GDP的下降，而城市空间形态紧凑性水平提高能带来人均GDP的增加。以系统GMM估计结果为例，市内平均交通距离下降1千米，人均GDP增加2.4%，和表4.2中基准结果一致。

表4.3 城市空间形态与经济增长：系统GMM

被解释变量	（1）	（2）
	系统GMM	FE
	对数人均GDP	
Cohesion	-0.024^{***}	-0.008^{***}
	(0.006)	(0.003)
对数人均GDP$_{t-1}$	0.382^{***}	0.512^{***}
	(0.056)	(0.049)
对数城市面积	0.132^{***}	0.045^*
	(0.042)	(0.025)

表4.3(续)

被解释变量	(1) 系统 GMM	(2) FE
	对数人均 GDP	
城市控制变量	控制	控制
年份固定效应	控制	控制
城市固定效应	控制	控制
样本个数	3 078	3 078
调整的 R^2	—	0.941
AR (1)	0.000	—
AR (2)	0.495	—
Hansen	1.000	—

注：①滞后项的使用导致样本有所减少，城市控制变量与基准回归相同。

②括号内汇报了聚类在城市层面的标准误。

③ *、**、*** 分别代表在 10%、5% 和 1% 的水平上显著。

滞后一期的人均 GDP 的系数在系统 GMM、固定效应模型的估计中均显著为正，显著性水平为 1%。这表明当期的人均国内生产总值显著受到上一期的影响，地区经济发展呈现出"路径依赖"的特征。AR (1) 小于 0.1，AR (2) 大于 0.1，拒绝二阶自相关假设，说明模型通过了序列相关检验。Hansen 检验的 P 值大于 0.1，说明模型通过了过度识别检验。

4.5.2　工具变量回归

本书进一步构造外部工具变量——潜在的城市空间形态作为工具变量来解决内生性问题，以获得更可靠的回归结果和系数估计。本书基于历史上城市人口增长过程和限制城市发展的地理因素，假设城市以同心圆模式向外扩张，绘制潜在的城市区域二维图形。基于该图像计算得到的城市空间形态指标为外生性较强的、潜在的城市空间形态指标。图 4.2 直观地展示了潜在的城市空间形态和实际的城市空间形态的相关关系。从图 4.2 中可以看出，潜在的城市空间形态指标与实际的城市空间形态指标高度正相关。

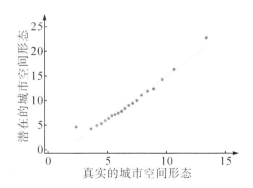

图 4.2 潜在的城市空间形态和实际的城市空间形态的相关关系

注：①Stata 画图命令为 binscatter，作图过程中将 Cohesion 等分为 20 组，每个点的横坐标为真实的城市空间形态（Cohesion）每组的中位数，点的纵坐标为潜在的城市空间形态（Cohesion_potential）每组的平均值。

②图像显示，潜在的城市空间形态和实际的城市空间形态呈现较强的正相关关系。

表 4.4 汇报了使用工具变量的两阶段最小二乘法的回归结果。第（1）列显示，其他条件不变的情况下，随着城市空间形态紧凑性水平下降，人均 GDP 也下降。Cohesion 的系数为-0.032，在 1% 的水平下显著。这验证了空间形态紧凑的城市有利于经济增长的假说。Cohesion 可以近似表示城市内部平均交通距离。因此从数值上讲，市内平均交通距离每缩短 1 千米，人均 GDP 会增加 3.2%。以 2010 年的情况为例，对于一个市内平均交通距离处于全国中位数水平的城市来说，该距离缩短 1 千米，城市的紧凑性水平就能从全国第 130 位上升到全国第 97 位。缩短的这 1 千米使该城市在紧凑性特征上超越了当年全国 12.7% 的城市。

工具变量（IV）回归的估计结果大于 OLS 估计结果可能有两方面原因。第一，在 4.3.2 节的分析中，能力更强的政府会在城市规划和设计上更有效率，从而使城市空间形态更紧凑。这一关系导致内生的城市空间形态变量与地方政府的执行能力负相关。地方政府执行能力由于无法被观测而包含在了误差项中。因此，经济发展水平与误差项正相关，城市空间形态变量与误差项负相关，导致直接使用 OLS 估计得到的系数是被低估的。此时使用 IV 回归估计得到的结果更加接近于真实的系数值。第二，IV 回归估计量估计的是局部平均效应，这也会导致 IV 回归估计系数大于 OLS 的估计系数。

表 4.4　城市空间形态与经济增长：工具变量回归

被解释变量	（1）工具变量回归 对数人均 GDP	（2）第一阶段回归 Cohesion
Cohesion	−0.032***	
	（0.010）	
Cohesion_potential		1.150***
		（0.108）
对数城市面积	0.220***	5.379***
	（0.067）	（0.485）
城市控制变量	控制	控制
年份固定效应	控制	控制
城市固定效应	控制	控制
样本个数	3 372	3 372
调整的 R^2	0.121	0.483
F 值	113.112	——

注：①使用潜在的城市空间形态 Cohesion_potential 作为工具变量参与回归。

②所有列都不包含截距项，城市控制变量与基准回归相同。

③括号内汇报了聚类在城市层面的标准误。

④ *、**、*** 分别代表在 10%、5% 和 1% 的水平上显著。

潜在的城市空间形态是城市在理想状态下扩张并受限于不变的地理条件的结果，它和实际的城市空间形态有较强的相关性。表 4.4 第（2）列显示，潜在的城市空间形态和实际的城市空间形态呈现正相关且在 1% 的水平下显著。F 值远大于 10，表明不存在弱工具变量问题。

本部分的实证分析验证了城市空间形态与经济增长的因果关系，城市空间形态紧凑性水平的提高会促进经济增长。接下来本书将对以上结果进行稳健性检验。

4.5.3　稳健性检验

现实中，我们无法知道参数的真实数值，也无法去设定一个真实的实证模型。整个实证研究的过程都在寻找最优的模型和尽可能接近参数真实值的估计值。稳健性检验正是提升因果推断有效性的重要方法。首先，由于模型设定本身是不确定的，我们可以通过改变模型设定来检验系数的稳健性并说明系数估计在多大程度上依赖于模型的设定。其次，针对可能存在的测量误差问题，我们可以通过改变变量的度量方式检验模型的稳健性，验证不同维度的测量方式能否得到一致的结论。

4.5.3.1 调整样本

前面的实证研究都基于全样本开展，本节将剔除一些较为特殊的样本或城市。表 4.5 的回归分析仍然使用人均 GDP 作为被解释变量。第（1）列和第（2）列在全样本的基础上剔除了城市空间形态处于上下 1% 的样本以检验实证结果是否受到最大和最小两端样本的影响。

表 4.5　稳健性检验：调整样本

被解释变量	（1）	（2）	（3）	（4）	（5）	（6）
	OLS	IV	OLS	IV	OLS	IV
	剔除上下 1%		删除省会城市		剔除港口城市	
			对数人均 GDP			
Cohesion	-0.022^{***}	-0.036^{***}	-0.021^{***}	-0.048^{***}	-0.022^{***}	-0.036^{***}
	（0.004）	（0.012）	（0.004）	（0.017）	（0.003）	（0.012）
对数城市面积	0.176^{***}	0.256^{***}	0.161^{***}	0.299^{***}	0.171^{***}	0.244^{***}
	（0.042）	（0.086）	（0.036）	（0.101）	（0.035）	（0.073）
城市控制变量	控制	控制	控制	控制	控制	控制
年份固定效应	控制	控制	控制	控制	控制	控制
城市固定效应	控制	控制	控制	控制	控制	控制
样本个数	3 306	3 306	2 965	2 965	3 142	3 142
调整的 R^2	0.916	0.107	0.913	0.090	0.915	0.120
F 值	—	93.879	—	46.633	—	89.375

注：①城市控制变量与基准回归相同，所有列都不包含截距项。

②括号内汇报了聚类在城市层面的标准误。

③ *、**、*** 分别代表在 10%、5% 和 1% 的水平上显著。

第（3）列和第（4）列在全样本的基础上剔除了直辖市、省会城市和五个计划单列市。考虑到这些城市是区域经济发展的核心城市，同时也是地区形象的代表，通常比一般地级市安装了更多、更华丽的灯饰，这可能加剧灯光溢出问题。若剔除这些城市后不影响基准的实证结果，也说明使用夜间灯光度量城市空间形态可能存在的测量误差问题对实证结果没有太大影响。第（5）列和第（6）列在全样本的基础上剔除了港口城市。这样做的原因是，港口城市通常拥有较大的经济腹地，这些城市的灯光亮度值并不只反映本地的生产和消费活动，还可能反映区域经济对外贸易的活跃程度。我国主要港口城市包括：天津、上海、唐山、秦皇岛、沧州、大连、营口、南京、苏州、南通、连云港、宁波、舟山、青岛、烟台、日照、福州、厦门、泉州、广州、深圳、湛江以及防城港[①]。

表 4.5 的第（1）、（3）、（5）列为 OLS 回归结果，第（2）、（4）、（6）列为 IV 的回归结果，所使用的工具变量为潜在的城市空间形态。结果显示，不管如何删减样本，城市空间形态紧凑性水平的降低会导致人均 GDP 的降低，系数的绝对值也与表 4.2 使用全样本回归的基准结果和表 4.4 中工具变量的回归结果接近。城市面积变量的系数方向和大小与之前的结果类似。可见，特殊样本没有影响模型的拟合效果，城市空间形态紧凑性水平提高有利于经济增长的结论是可信的。在接下来的稳健性检验中，本书将使用全样本进行分析。

4.5.3.2 改变城市空间形态的度量方式

本书还通过变换城市空间形态的测量方法进行稳健性检验。将Cohesion 替换为 Proximity、Spin 和 Range，可以检验实证结果对不同城市空间形态测量方式的敏感度。Proximity 衡量了城市区域所有内点到城市中心的平均交通距离，该变量的取值受城市中心位置的影响。Spin 为城市区域所有内点到城市中心的欧式距离平方的均值，该指标放大了城市偏远位置对城市空间形态计算结果的影响。Range 为城市区域边界上相隔最远的距离。第章详细介绍了以上变量的定义和计算方法。总的来说，包含距离信息是城市空间形态指标的共同点。当然，所有城市空间形态指标都受到城市空间规模的影响，因此在模型中仍要控制城市面积。在处理内生性方面，本书计算了潜在的城市空间形态的 Proximity、Spin 和 Range 作为实际的城市空间形态的工具变量。第一阶段回归结果的 F 值远大于 10，表示潜在的城市空间形态指标与实际的城市空间形态指标有较强的相关性，不存在弱工具变量的问题。

表 4.6 汇报了使用 Proximity、Spin 和 Range 指标参与回归的 OLS 回归和 IV 回归的估计结果。从第（2）列可以看出，Proximity 的系数为 -0.044，在 1% 的水平上显著。该结果说明，任意位置到城市中心的平均交通距离缩短 1 千米，人均 GDP 提高 4.4%。这个结果和使用 Cohesion 估计的结果（3.2%）接近。因 Spin 赋予位置偏僻的点更大的权重，且变量本身的数值较大，使用 Spin 指标的 IV 回归的估计系数较小，仅为 -0.001，但也在

[①] 参照 2013 年《中国交通运输统计年鉴》中的水运吞吐量数据。

1%的水平上显著。使用 Range 作为替代指标的 IV 回归的估计系数为−0.012，显著性水平为 1%。这代表城市扩张的最远距离每减少 1 千米，城市人均 GDP 将会上升 1.2%。Range 重点关注城市区域的远端位置，其系数比衡量平均交通距离的 Cohesion 和 Proximity 要小，这说明，提升城市整体空间形态紧凑性水平比提高某一方向上的紧凑度对城市经济增长的作用更大。以上分析有力说明了紧凑城市对经济增长的正面影响在城市空间形态的不同测量方式中是稳健的。

表 4.6　稳健性检验：变换空间形态的度量方式

被解释变量	（1）OLS	（2）IV	（3）OLS	（4）IV	（5）OLS	（6）IV
			对数人均 GDP			
Proximity	−0.028***	−0.044***				
	(0.004)	(0.014)				
Spin			−0.001***	−0.001***		
			(0.000)	(0.000)		
Range					−0.006***	−0.012***
					(0.001)	(0.003)
对数城市面积	0.166***	0.225***	0.107***	0.121***	0.144***	0.237***
	(0.034)	(0.069)	(0.031)	(0.041)	(0.034)	(0.068)
城市控制变量	控制	控制	控制	控制	控制	控制
年份固定效应	控制	控制	控制	控制	控制	控制
城市固定效应	控制	控制	控制	控制	控制	控制
样本个数	3 372	3 372	3 372	3 372	3 372	3 372
调整的 R^2	0.919	0.119	0.918	0.119	0.918	0.094
F 值	—	109.944	—	105.607	—	57.469

注：①表 4.6 中城市控制变量与基准回归相同，所有列都不包含截距项。

②括号内汇报了聚类在城市层面的标准误。

③*、**、***分别代表在 10%、5%和 1%的水平上显著。

4.5.3.3　使用 GDP 的替代变量

之前本书使用人均 GDP 衡量地区经济增长，接下来本书使用城市夜间灯光亮度值作为经济增长的替代指标。人均 GDP 指标具有较强的权威性和适用性，不过，其对经济增长的估计也可能由于数据失真、统计口径不一致、不准确的折算等而存在误差（徐康宁等，2015）。而夜间灯光数据源于卫星拍摄的灯光影像，不受价格因素的影响，且在一定程度上消除了人为因素的影响，因而能更加客观地反映地方经济增长。现有研究发现夜间灯光的亮度和地区生产总值之间有较强的正相关关系，并认为灯光数据可以作为地方经济增长较好的替代指标（范子英等，2016）。表 4.7 汇报了该结果。使用人均地区灯光总值衡量地区经济增长时，仍能观察到城市空间形态紧凑性水平降低对经济增长的负面作用，系数在 10% 的水平上显著。城市面积的系数仍然显著为正，验证了空间规模较大、空间形态紧凑度较高的城市更有利于经济增长的结论。

表 4.7　稳健性检验：使用灯光亮度代替 GDP 变量

被解释变量	（1）	（2）	（3）	（4）
	对数人均灯光亮度值			
Cohesion	−0.016*			
	(0.008)			
Proximity		−0.022*		
		(0.012)		
Spin			−0.000	
			(0.000)	
Range				−0.005*
				(0.003)
对数城市面积	1.011***	1.014***	0.951***	1.006***
	(0.050)	(0.051)	(0.033)	(0.048)
城市控制变量	控制	控制	控制	控制
年份固定效应	控制	控制	控制	控制
城市固定效应	控制	控制	控制	控制
样本个数	3 372	3 372	3 372	3 372
调整的 R^2	0.758	0.758	0.757	0.758
F 值	113.112	109.944	105.607	57.469

注：①所有列都使用工具变量回归，城市控制变量与基准回归相同，所有列都不包含截距项。

②括号内汇报了聚类在城市层面的标准误。

③ *、**、*** 分别代表在 10%、5% 和 1% 的水平上显著。

4.5.4　经济增长的空间溢出效应

笔者在考察城市空间形态对地区经济增长的影响时，并没有关注经济增长的空间溢出效应。然而，现有研究指出，经济增长会通过要素在地区间的流动扩散到邻近地区（Meijers 和 Burger，2010；刘修岩等，2017）。因此，本书须在考虑经济增长空间溢出效应的情况下检验实证结果的稳健性。基于此，本书使用城市经纬度数据，生成了两种常用的空间权重矩阵：①地理距离空间权重矩阵 W_{ij}^1，采用两个城市间地理直线距离的倒数来衡量（式4.4）；②经济距离空间权重矩阵 W_{ij}^2，采用两地间人口差异的比重来表示（式4.5）。

$$W_{ij}^1 = 1 / d_{ij} \qquad\qquad (4.4)$$

$$W_{ij}^2 = (1/|x_i - x_j|) / \sum_j (1/|x_i - x_j|) \qquad (4.5)$$

Meijers 和 Burger（2010）发现，小城市在发展过程中会借用大城市的规模效应。考虑到城市的经济增长可能依赖于其周边城市的空间形态紧凑性，本书还使用空间杜宾模型进行回归分析。空间自相关检验中，各年的 LM error 值和 Robust-LM error 值分别在 1% 的水平下显著，拒绝原假设，表明城市的经济增长存在空间依赖性，可以使用空间计量的方法。

表4.8 汇报了考虑空间溢出效应后城市空间形态对城市经济增长的影响。第（1）列和第（2）列使用空间自回归模型，第（3）列和第（4）列使用空间杜宾模型。所有列的城市空间形态系数项在 1% 的水平上显著为负，这说明紧凑的城市空间有利于经济增长。Cohesion 系数的大小在 -0.018 到 -0.019 之间，相比于不考虑空间溢出效应的模型，系数明显变小。这表明若不考虑城市空间形态的溢出效应，城市空间形态对经济增长的作用可能会被高估。

表4.8　经济增长的空间溢出效应

被解释变量	（1）地理距离	（2）经济距离	（3）地理距离	（4）经济距离
	对数人均 GDP			
Cohesion	-0.019 ***	-0.019 ***	-0.019 ***	-0.018 ***
	(0.002)	(0.002)	(0.002)	(0.002)
对数城市面积	0.166 ***	0.166 ***	0.167 ***	0.165 ***
	(0.019)	(0.019)	(0.019)	(0.019)
W×Cohesion			-0.031	0.003
			(0.032)	(0.002)
W×对数城市面积			0.158	-0.008
			(0.307)	(0.020)
城市控制变量	控制	控制	控制	控制
年份固定效应	控制	控制	控制	控制
城市固定效应	控制	控制	控制	控制

表4.8(续)

被解释变量	(1) 地理距离	(2) 经济距离	(3) 地理距离	(4) 经济距离
		对数人均 GDP		
样本个数	2 873	2 873	2 873	2 873

注：①前两列使用空间自回归模型，后两列使用空间杜宾模型。城市控制变量与基准回归相同。

②括号内汇报了聚类在城市层面的标准误。

③*、**、***分别代表在 10%、5% 和 1% 的水平上显著。

由此可见，在考虑经济增长空间溢出的情况下，紧凑的空间形态对城市经济增长的正面作用仍然存在，本书的基准结果和主要结论依然是稳健的。

4.5.5 异质性分析

以上的研究仅考虑了城市空间形态对经济增长的线性影响，没有考虑城市空间形态与其他城市空间特征的交互影响。现有研究表明，城市空间形态与经济增长的关联在不同人口密度的城市之间可能存在一定差别。本书在方程（4.1）中加入城市空间形态与人口密度的交互项，然后重新进行回归，结果如表 4.9 所示。以 IV 结果为例，Cohesion 与人口密度的交互项系数为负，且在 1% 水平上显著。这表明，城市空间形态外部性在不同人口密度的城市之间存在显著差异。城市人口密度越大，城市空间形态紧凑性对经济增长的影响就越大。而 Cohesion 系数本身为正，意味着在人口密度非常低（低于 299 人/平方千米）的情况下，Cohesion 的边际效应为正。在本书的样本中，仅 16% 的样本属于该情况，其他城市市区人口密度均大于该值。表 4.9 的结果显示，对于大多数中国城市来说，在考虑了人口密度异质性的情况下，城市空间形态紧凑性水平提高有利于经济增长，而合理的城市人口密度是城市空间形态发挥作用的前提条件。

表 4.9 城市空间形态与人口密度的交互效应

被解释变量	(1) OLS	(2) IV
	对数人均 GDP	
Cohesion	0.020 (0.025)	0.057 (0.043)
Cohesion×对数人口密度	−0.006* (0.003)	−0.010** (0.005)

表4.9(续)

被解释变量	（1） OLS	（2） IV
	对数人均 GDP	
对数人口密度	0.092**	0.136***
	(0.041)	(0.051)
对数城市面积	0.147***	0.120
	(0.029)	(0.077)
城市控制变量	控制	控制
年份固定效应	控制	控制
城市固定效应	控制	控制
样本个数	3 372	3 372
调整的 R^2	0.919	0.132
F 值	—	18.322

注：①展示了加入城市空间形态与人口密度的交互项的结果。IV 估计结果中，本书使用潜在的城市空间形态作为实际的城市空间形态的工具变量来解决模型的内生性问题。

②城市控制变量与表4.2相同，所有列都不包含截距项。

③括号内汇报了聚类在城市层面的标准误。

④ *、**、*** 分别代表在10%、5%和1%的水平上显著。

表4.9 得出的结论与现有研究结论一致。城市空间形态紧凑性水平和人口密度是体现经济集聚水平的两个重要方面。一定水平的人口密度是发挥集聚经济优势的前提，因此，低密度城市提升空间形态紧凑度对经济增长的效果有限。而在高密度城市中，各类经济要素都集中在一起，城市空间形态紧凑性水平的提高使所有人都获利，更有利于发挥紧凑城市的外部性作用。这也从侧面说明了，当前我国城市总体上拥挤效应不明显，集聚经济仍占据主导地位。

表4.10 通过添加城市空间形态与城市规模的分类变量，考察城市空间形态在不同规模城市中的异质性。根据《国务院关于调整城市规模划分标准的通知》，本书将城市分为超大城市、特大城市、大城市和中小城市。本书在实证回归中，以中小城市为基准。Cohesion 本身的系数代表了城市空间形态对中小城市的影响。表4.10 的结果显示，城市空间形态对大城市、特大城市和超大城市经济增长有显著影响，但是对中小城市经济增长的影响不显著。以第（2）列 IV 结果为例，市内平均交通距离缩短1千米，大城市、特大城市和超大城市的人均 GDP 分别上升2.5%、2.8%和2.2%。这说明，保持城市空间形态紧凑性对大城市来说既是机会也是挑

战。提升城市空间形态紧凑性水平可以带来比中小城市更大的经济收益，但损害城市空间形态紧凑性也会更大幅度降低经济增长。我国的特大城市、超大城市集中了大量企业，每天有庞大的运输需求，且特大城市、超大城市的市内交通距离也更长。城市空间形态紧凑度的微小改善（恶化）都会使更多企业和个人受益（受损）。因此，随着城市规模的扩大，城市空间形态紧凑性问题越来越重要。

表 4.10　城市空间形态与城市规模的交互效应

被解释变量	(1) OLS	(2) IV
	对数人均 GDP	
Cohesion	0.026**	0.032
	(0.013)	(0.022)
Cohesion×超大城市	−0.041***	−0.054***
	(0.013)	(0.019)
Cohesion×特大城市	−0.047***	−0.060***
	(0.012)	(0.016)
Cohesion×大城市	−0.044***	−0.057***
	(0.012)	(0.016)
超大城市	−0.054	0.088
	(0.206)	(0.279)
特大城市	0.114	0.242
	(0.175)	(0.226)
大城市	0.126	0.246
	(0.173)	(0.215)
对数城市面积	0.148***	0.180**
	(0.033)	(0.078)
城市控制变量	控制	控制
年份固定效应	控制	控制
城市固定效应	控制	控制
样本个数	3 372	3 372
调整的 R^2	0.920	0.138
F 值	—	12.035

注：①汇报了加入城市空间形态与城市规模交互项的结果。IV 估计结果中，本书使用潜在的城市空间形态作为实际的城市空间形态的工具变量来解决模型的内生性问题。

②城市控制变量与表 4.2 相同，所有列都不包含截距项。

③括号内汇报了聚类在城市层面的标准误。

④ *、**、*** 分别代表在 10%、5% 和 1% 的水平上显著。

城市空间形态的作用是否会因产业结构的不同而存在差异？在表 4.11第（1）和第（2）列，本书引入城市空间形态与第二产业占比的交互项，在第（3）和第（4）列，引入城市空间形态与第三产业占比的交互项，在第（5）和第（6）列，同时引入以上两个交互项，并控制城市的产业结构。第（1）、（3）、（5）列汇报了 OLS 的估计结果，第（2）、（4）、（6）列汇报了 IV 的估计结果。在第（1）和第（2）列中，城市空间形态的系数显著为负，交互项系数为负但不显著。第二产业占比和第三产业占比的系数为正，但第三产业占比系数不显著。第（3）和第（4）列的结果与前两列类似。当同时引入两个交互项后，第（5）列和第（6）列的结果显示，Cohesion 和第二产业交互项显著为负，和第三产业的交互项为负但不显著。这表明第二产业越发达，紧凑的城市空间形态对经济增长的正面作用越大。值得注意的是，集聚经济现象早期也出现在第二产业当中，工业企业空间上的邻近产生规模效应促进了生产率的提升。本部分的异质性分析也说明，工业生产相比于服务业生产更容易从城市空间布局的紧凑性中获益。相比于金融、餐饮等服务型企业，工业企业更依赖于劳动力池、基础设施的共享，且由于巨大的运输量而对运输成本更敏感。

表 4.11　城市空间形态与产业结构的交互效应

被解释变量	(1) OLS	(2) IV	(3) OLS	(4) IV	(5) OLS	(6) IV
	对数人均 GDP					
Cohesion	-0.018^{***}	-0.028^{***}	-0.020^{***}	-0.020^{*}	-0.016^{***}	-0.011
	(0.004)	(0.011)	(0.004)	(0.011)	(0.004)	(0.013)
Cohesion× 第二产占比	-0.003	-0.004			-0.003^{*}	-0.009^{**}
	(0.002)	(0.003)			(0.002)	(0.004)
Cohesion× 第三产占比			-0.000	-0.005	-0.002	-0.009
			(0.002)	(0.005)	(0.002)	(0.006)
第二产业占比	0.082^{***}	0.085^{**}	0.055^{***}	0.049^{***}	0.087^{***}	0.141^{**}
	(0.025)	(0.038)	(0.016)	(0.018)	(0.025)	(0.055)
第三产业占比	0.003	0.005	0.005	0.047	0.017	0.096
	(0.015)	(0.016)	(0.025)	(0.052)	(0.025)	(0.063)
对数城市面积	0.157^{***}	0.215^{***}	0.157^{***}	0.187^{***}	0.155^{***}	0.188^{***}
	(0.034)	(0.066)	(0.033)	(0.069)	(0.034)	(0.068)
城市控制变量	控制	控制	控制	控制	控制	控制

表4.11(续)

被解释变量	（1） OLS	（2） IV	（3） OLS	（4） IV	（5） OLS	（6） IV
			对数人均GDP			
年份固定效应	控制	控制	控制	控制	控制	控制
城市固定效应	控制	控制	控制	控制	控制	控制
样本个数	3 372	3 372	3 372	2995	3 372	2995
调整的 R^2	0.919	0.127	0.919	0.121	0.919	0.119
F 值	—	55.750	—	55.050	—	35.606

注：①汇报了加入城市空间形态与产业结构的交互项的结果。IV 估计结果中的工具变量为潜在的城市空间形态。

②城市控制变量与表4.2相同，所有列都不包含截距项。

③括号内汇报了聚类在城市层面的标准误。

④* 、** 、*** 分别代表在10%、5%和1%的水平上显著。

4.5.6　使用 NPP-VIIRS 数据的补充分析

由于 DMSP/OLS 夜间灯光数据只更新到 2013 年，为了获得最新的城市空间形态对经济增长影响的估计，本书使用最新的 NPP-VIIRS 夜间灯光数据进行补充分析。相比 DMSP/OLS 夜间灯光数据，NPP-VIIRS 夜间灯光数据的分辨率提高了一倍，还解决了灯光饱和的问题。本书在表4.12中汇报了使用 2014—2019 年 NPP-VIIRS 灯光数据的实证结果。

表4.12中第（1）列汇报了 OLS 的回归结果，第（2）列汇报了 IV 的回归结果，第（3）列汇报了第一阶段回归的结果。IV 的回归结果显示，城市空间形态紧凑性水平的提高会带来人均 GDP 的增加。从数值上讲，市内平均交通距离每减少 1 千米，人均 GDP 增加 4.3%。城市面积的系数为正且显著。工具变量第一阶段回归的 F 值远大于 10，说明模型不存在弱工具变量问题。第一阶段回归结果显示，潜在的城市空间形态与实际的城市空间形态呈现较强的正相关关系。表 4.13 通过使用 Proximity、Spin 和 Range 代替 Cohesion 来进行稳健性检验，验证了这一时期城市空间形态紧凑性对经济增长的促进作用是稳健的。

表 4.12　城市空间形态与经济增长（2014—2019 年）

被解释变量	（1） 第一阶段	（2） OLS	（3） IV
	对数人均 GDP		
Cohesion	−0.009 **	−0.043 ***	
	（0.003）	（0.016）	
Cohesion_potential			1.210 ***
			（0.178）
对数城市面积	0.197 ***	0.528 ***	9.560 ***
	（0.047）	（0.154）	（0.664）
城市控制变量	控制	控制	控制
年份固定效应	控制	控制	控制
城市固定效应	控制	控制	控制
样本个数	1 568	1 568	1 568
调整的 R^2	0.999	−0.091	0.586
F 值	—	46.023	—

注：①所有列都不包含截距项。

②括号内汇报了聚类在城市层面的标准误。

③ *、**、*** 分别代表在 10%、5% 和 1% 的水平上显著。

表 4.13　稳健性检验（2014—2019 年）

被解释变量	（1） OLS	（2） IV	（3） OLS	（4） IV	（5） OLS	（6） IV
	对数人均 GDP					
Proximity	−0.012 ***	−0.060 ***				
	（0.004）	（0.022）				
Spin			−0.000 **	−0.001 ***		
			（0.000）	（0.000）		
Range					−0.002 **	−0.011 ***
					（0.001）	（0.004）
对数城市面积	0.197 ***	0.547 ***	0.156 ***	0.284 ***	0.170 ***	0.432 ***
	（0.046）	（0.163）	（0.036）	（0.074）	（0.042）	（0.123）
城市控制变量	控制	控制	控制	控制	控制	控制
年份固定效应	控制	控制	控制	控制	控制	控制
城市固定效应	控制	控制	控制	控制	控制	控制

表4.13(续)

被解释变量	(1) OLS	(2) IV	(3) OLS	(4) IV	(5) OLS	(6) IV
			对数人均 GDP			
样本个数	1 568	1 568	1 568	1 568	1 568	1 568
调整的 R^2	0.999	-0.102	0.999	-0.037	0.999	-0.098
F 值	—	45.343	—	31.308	—	32.181

注：①所有列都不包含截距项。

②括号内汇报了聚类在城市层面的标准误。

③ *、**、*** 分别代表在10%、5%和1%的水平上显著。

4.6 本章小结

当前，中国已从经济高速增长阶段迈向经济高质量发展阶段。在经济转型、城镇化高速推进、区域间协调发展的背景下，原有的城市空间范围和空间结构无法满足进一步发展的需求。城市群的建设将更多城市纳入发展的重点区域，由此带来的城镇化水平的提高和区域间人口分布的调整将对城市扩张形成新的压力。基于2001—2019年全国264个城市有关空间形态经济绩效的研究，本书从空间形态紧凑性的角度，为城市经济高质量发展提供动力源泉。本书明确了城市空间形态紧凑性特征在经济增长中的重要作用，估计了不紧凑的城市空间形态对经济增长的负面影响，并从城市空间形态紧凑度与产业和人口协同发展的角度为城市经济增长提供了初步证据。本章主要有如下研究结果：

第一，城市空间形态紧凑性水平的提高有利于经济增长。具体而言，市内平均交通距离缩短1千米，城市人均GDP提高3.2%。本章使用基于理想的城市扩张过程与外生性较强的限制城市发展的地理因素构造工具变量，解决了模型的内生性问题。城市空间规模对经济增长有显著的正向影响。以上结果说明，空间规模较大、空间形态紧凑度较高的城市更有利于经济增长。

第二，在城镇化快速推进时期（1992—2013年）以及新型城镇化战略提出后"以人为核心"的城市高质量发展时期（2014—2019年），紧凑的城市空间形态对经济增长的促进作用都存在。这表明，城市空间形态紧凑性水平对地区经济增长有长期稳定的作用。

第三，城市空间形态紧凑性对经济增长的积极作用并不依赖于城市的政治地位，但在不同人口密度、城市规模和产业结构的城市中存在异质性。在人口密度较大、城市规模较大和工业占比更高的地区，城市空间形态紧凑性水平的提升对经济增长的促进作用更大。这表明，我国大多数城市中集聚经济仍占据主导地位，经济要素空间集中能使资源得到高效的利用。

第四，潜在的城市空间形态是实际的城市空间形态良好的工具变量，其分离出城市空间形态外生的变异部分参与回归分析，使回归结果可以解释为城市空间形态与经济增长的因果关系。

本章从城市空间形态紧凑性这一侧面解释了空间因素导致的地区经济增长差异，对优化城市空间提供了政策建议。紧凑的城市空间形态并不意味着要限制城市规模，而是在相同规模下优化城市空间形态，避免城市往单一方向上延伸过远。这对地方政府的城市规划和土地管理提出要求。首先，这要求地方政府要科学认识并尊重城市发展规律，让市场这只无形的手更多地在土地开发和城市建设中发挥作用。其次，这要求地方政府要适当控制土地供给规模，避免城市因扩张速度过快而损失紧凑度。最后，当城市外扩受到阻碍时，地方规划部门可以通过内部旧城改造，重新整合资源，高效利用内部空间，避免盲目扩张造成城市空间形态复杂化和碎片化。

5 城市空间形态与企业生产效率

5.1 概述

改革开放以来，中国经济实现了高速增长，2010 年 GDP 总量超过日本，成为全球第二大经济体，经济发展取得了举世瞩目的成就。如今，我国经济已由高速增长阶段转向高质量发展阶段，未来一段时间我国都将处于转变发展方式、转换增长动力的攻关期，而国际经济形势则存在较大的不确定性。在这样的背景下，如何保持中国经济增长的可持续性，值得我们进行更深入和全面的研究。

在过去的发展模式下，中国经济主要依赖较高水平的资本形成和人口红利（杨汝岱等，2015）。然而单纯依靠要素投入的增加来促进经济增长存在两方面的问题：一是要素投入是有限的，二是边际产出是递减的。持续的经济增长应该包括改善投入产出关系和提高生产效率。保罗·克鲁格曼曾在他的著作《萧条经济学的回归》中提到，亚洲国家在取得卓越经济增长的同时，并没有取得与之相适应的生产率的增长。改革开放 40 多年来，中国经济增长确实也得益于生产效率的提高（易纲等，2003）。但是从总体上来讲，中国企业的全要素生产率（TFP）水平还比较低，对经济增长的贡献也相对有限（见图 5.1）。但这同时也意味着我国的生产效率还有很大的提升空间，全要素生产率的提高应该成为我国经济增长新的动力源泉。

与经济增长转向新发展模式相伴的是我国进入"新型城镇化"发展阶段。与在经济增长方面倡导"集约型增长"相呼应的是，在城市建设方面，《中华人民共和国国民经济和社会发展第十四个五年规划和 2035 年远景目标纲要》也强调"加快转变城市发展方式，统筹城市规划建设管理，实施城市更新行动，推动城市空间结构优化和品质提升"。紧凑的城市发展模式有利于缩短城市内部交通距离，方便信息交流、促进设施共享，有利于生产效率的提升。如图5.2所示，数据散点图反映的相关关系表明，随着城市空间形态紧凑性水平下降，企业全要素生产率也呈现出下降的趋势。

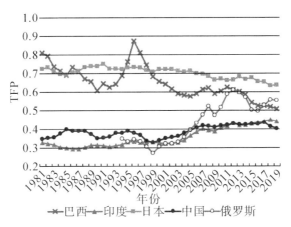

图 5.1　全要素生产率跨国比较（1981—2019 年）

数据来源：http://www.rug.n1/research/ggdc/data/penn-world-table。

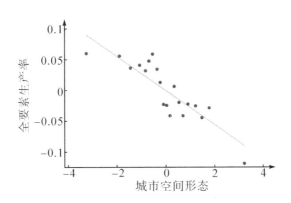

图 5.2　城市空间形态和企业全要素生产率的相关关系

注：①基于城市空间形态指标 Cohesion 绘制，Cohesion 越大代表城市空间形态越不紧凑。

②体现了城市空间形态紧凑性水平和企业全要素生产率之间的散点图和拟合线。Stata 命令为 binscatter。

③图形显示，在控制了城市面积、城市固定效应以及时间固定效应之后，城市空间形态紧凑性水平和企业全要素生产率呈现明显的正相关关系。

现代经济地理最明显的特征是维持了企业和个人在空间上的集聚，而城市是现代经济活动的中心和地区发展的引擎。作为企业生产活动的空间载体，城市对企业生产效率的作用一直受到诸多学者的重视。Fujita（1988）和 Holmes（1999）从理论上论证了城市的生产属性，城市内部的集聚动力不断吸引新企业进入，促使商品供给在数量和种类上增长，从而实现集聚的自我强化、生产的增长和城市的扩张。大量文献从城市规模以及生产要素分布的角度研究了大城市的生产率溢出效应（Andersson 和 Lööf，2011；Baldwin 和 Okubo，2006；陈良文等，2008；柯善咨和赵曜，2014），并从集聚效应以及异质性企业定位选择的角度解释空间因素对企业异质性生产率的影响机制（Combes et al.，2012；郭晓丹等，2019；李晓萍等，2015）。

本书以 1998—2007 年我国规模以上制造业企业为研究对象，从微观企业层面研究城市空间形态紧凑性水平如何影响企业生产效率。本书使用 ACF 方法计算企业的全要素生产率，并通过工具变量解决模型的内生性问题，探讨城市空间形态对企业全要素生产率的影响。结果显示，城市空间形态紧凑性水平的降低有损企业的生产效率，市内平均交通距离每增加 1 千米，企业全要素生产率降低 2.6%。异质性分析的结果显示，劳动密集型行业和规模较小的企业从城市空间形态紧凑性水平的提升中获益更多。通过收集企业的经纬度信息，本书发现，城市空间形态对于城市内部不同区位的企业的作用不存在显著的差异，但是对位置偏远的企业的作用效果更显著。本书从劳动力供给、新企业进入和企业创新行为三个角度检验城市空间形态外部性发挥作用的机制。同时，本书通过一系列稳健性分析，验证本书结论的稳健性。

与现有研究相比，本章的贡献主要有以下三点：第一，将夜间灯光数据和微观工业企业数据结合起来，从城市空间形态紧凑性角度研究城市空间形态与企业全要素生产率的因果关系。这是对城市空间形态紧凑性和企业生产效率相关研究的有益补充，也是对不同数据组合研究新问题的尝试。第二，从微观企业层面，提供了紧凑城市有利于宏观经济增长的证据，并从企业生产效率的角度解释了紧凑城市促进宏观经济增长的微观动力，是对经济增长相关文献的扩展。第三，从集聚效应、企业进入以及企业创新三个维度探究了城市空间形态影响企业全要素生产率的经济机制，丰富了要素市场影响企业自身发展和企业进入行为的文献和研究。

本章余下部分的安排为：5.2 节提出研究假说，5.3 节介绍本章使用的数据和变量，5.4 节介绍实证模型，5.5 节展示实证结果，5.6 节分析作用机制，5.7 节是本章小结。

5.2 研究假说

现有文献大多关注城市规模、人口密度等城市空间特征对企业生产效率的影响。这些研究发现，大城市、人口密度较高的城市更有利于发挥集聚经济的作用，促进企业生产效率提高（Ciccone 和 Hall，1999；苏红键和魏后凯，2013）。本书所关注的空间形态紧凑度是城市空间形态与圆形的近似程度。紧凑城市中的个人、企业等经济主体之间的物理距离更近，这一方面有利于发挥生产过程中的集聚经济外部性，另一方面也提高了城市内部交通便利性和城市宜居性。

与本书密切相关的文献主要从城市空间特征的集聚效应来分析不同城市间企业生产率的差异，其背后的机理如下：

第一，共享基础设施和公共服务。文献发现，空间形态不紧凑的城市在提供基础设施和公共品时是无效率的（Brueckner，2000），城市不紧凑地扩张会导致更高的单位开发成本（Knaap et al.，2001），并由此带来巨大的财政支出（Carruthers 和 Ulfarsson，2008）。同样数量的道路设施在空间形态紧凑的城市中可以覆盖更多的使用者，被更高效地利用（Glaeser 和 Khan，2004）。整个城市在土地资源、基建投资上的节约最终会通过较低的公共服务价格、优惠的税收政策等降低企业生产的成本负担，从而对生产经营产生积极影响。

第二，知识外溢。经济要素在城市空间内的集聚有利于彼此信息沟通、知识学习和技术外溢。在相互临近的企业中，一个公司或行业生产效率的改进或生产技术的创新会提高其他企业的生产力（McCann，2007；Partridge et al.，2008）。现有文献认为，在交通运输成本大幅降低的情况下，要素集聚并非只单纯地追求缩减商品运输成本而是希望从降低信息交流成本中获益（Glaeser，1998）。虽然通信技术一定程度上消除了地理距离障碍的负面影响，但是网络、电话联系仍然替代不了面对面交流（Glaeser et al.，2001）。在生产过程中，人们仍然需要实地参观、线下会谈等来获取准确的商业信息。很多生产技能的培训仍然需要课堂式的学习方式来完成。形态紧凑的城市有较短的交通出行距离，这会降低以上活动的成本，有利于企业之间的知识溢出（Black 和 Henderson，1999；Duranton 和 Puga，2001）。

第三，增强企业和劳动者之间的匹配程度。紧凑城市较短的交通距离为居民提供了出行便利。一些文献将紧凑城市的这种特性称为消费外部性，并指出城市为居民生活提供的这种外部性和城市所提供的就业机会与工资溢价同样具有吸引力（Glaeser et al.，2001；Harari，2020）。人口是重要的生产要素，紧凑城市对人口的吸引为企业提供了较大的劳动力市场。而厚的劳动力市场能提高本地企业找到合适雇员的概率和企业与劳动者之间的匹配程度（Acemoglu，1997；Helsley 和 Strange，1990；Marshall，1920）。如果劳动者在一个相对较小的劳动力市场中，当其失去工作的时候，寻找新工作的成本会较高。劳动者可能会为此尽快接受一份不太适合的工作，最终导致人力资本的浪费。根据地方化劳动力市场理论，厚劳动力市场带来的企业与劳动者之间较高的匹配度能使企业获得生产率溢价（Moretti，2011）。同时，这也意味着劳动者更换工作和行业的概率更低，企业长期闲置的岗位更少，整个市场的摩擦性失业更少。文献发现，在平均意义上，厚劳动力市场中企业有更小的就业波动（Bleakley 和 Lin，2012）。总的来说，空间形态紧凑的城市有利于发挥集聚经济效应，对企业生产而言是一种有利的外部环境。

基于以上分析，本书提出研究假说 5.1：紧凑的城市空间形态有利于企业全要素生产率的提高。

现有文献表明，劳动力供给增加所产生的厚劳动力市场效应有利于提高企业生产效率。本书接下来主要从劳动要素供给角度来分析紧凑的城市空间形态如何影响企业生产。城市最初对劳动力的吸引主要源于更多的就业机会和更高的工资溢价。随着收入的增加，人们对生活质量的要求逐步提高，消费型城市对人口有很大的吸引力（Glaeser et al.，2001）。Harari（2020）进一步发现紧凑城市具有显著的消费外部性并且使人们愿意为其付费。商品服务、娱乐场所和生活方式的多样化都是城市消费外部性的集中体现（Glaeser，et al.，2001；Lloyd 和 Clark 2001），这些都增加了紧凑城市对高技能人才的吸引力。研究表明，高技能人才更偏向于居住在消费水平较高的地区（Fallah et al.，2011；Lee，2010）。因此，空间形态紧凑的城市的劳动力技能水平也会更高，这些城市中的企业可能因为雇佣更多高技能劳动力而获得生产效率的提升。

基于以上分析，本书提出研究假说5.2：空间形态紧凑的城市通过增加高技能劳动力供给来提升企业生产效率。

以上分析可以概括为紧凑城市的企业通过雇佣高技能劳动力或者学习新的知识和技术等自身进步的方式提高了生产效率。但是，企业生产活动追求的是利润最大化，因此企业选址并非随机行为。紧凑城市的内部交通距离更短有助于降低企业运输成本，缩短企业和市场的距离，同时也有利于集聚经济效应的发挥。较高的城市空间形态紧凑性作为城市在生产方面的优势对新企业有很大的吸引力。此外，劳动力尤其是高技能劳动力的流动还会通过影响厚劳动力市场效应影响新企业进入。新企业为本地企业带来生产效率的集聚溢出效应（Greenstone et al.，2010），间接提高了本地企业生产效率。该研究表明，有新工厂开业的区域整体上生产率会更高。空间形态紧凑的城市有更大的劳动力市场和更多高技能人才，这对企业来说意味着更高质量的劳动力供给和更大的商品市场。新企业进入会促进企业间的竞争以及经济活力的提升（Akcigit 和 Ates，2021），有利于企业生产效率的提高。

综上，本书提出研究假说5.3：空间形态紧凑的城市通过增加企业进入来提升企业生产效率。

接下来，本书将基于以上理论分析，利用中国规模以上工业企业数据估计城市空间形态紧凑性对企业生产效率的影响效果并检验其影响途径。

5.3 数据和变量

5.3.1 数据介绍

5.3.1.1 数据来源

本书整合了微观企业数据、卫星影像数据和宏观区域数据三类数据库。微观企业数据为国家统计局公布的中国规模以上工业企业数据。该数据库的调查对象包括所有国有工业企业和年销售额在500万元以上的非国有工业企业（以下简称"规模以上企业"），统计单位为企业法人。这里"工业"指的是"国民经济行业分类"中的"采掘业""制造业"和"电力、燃气及水的生产和供应业",其中制造业企业样本占比90%以上。该数据详尽记录了包括工业产值、工业增加值、固定资产、员工人数等生产经营性指标,具有样本量大、指标丰富、代表性好等优势,广泛应用于有关企业生产率、国际贸易、公司金融、产业集聚的研究中。该企业级面板数据所包含的企业经营绩效与地理位置等丰富的微观信息能够满足本书的研究需求。

本书的第二类数据为卫星影像数据。DMSP/OLS数据为美国国家海洋和大气管理局国防气象卫星系统提供的全球卫星夜间灯光数据。在数据官方发布的多个版本中,本书选择了其中的稳定灯光数据开展研究。该数据被用来测算本书的核心指标——城市空间形态。在构建工具变量的过程中,本书还使用了DEM高程数据和Landsat 4-5TM卫星遥感数据。

本书还收集了一系列地级市经济指标来控制地级市经济特征,数据来源于《中国城市统计年鉴》和《中国区域经济统计年鉴》。

5.3.1.2 数据预处理

工业企业数据库存在样本错配、指标缺失、行业不一致等一些问题(聂辉华等,2012),在使用前需要先进行预处理。为了得到准确的实证结果,本书对数据进行了如下三项调整:其一,由于工业企业数据中没有识别企业的唯一代码,本书首先按照Brandt等(2012)的方法,使用企业代码、企业名称等对企业进行跨期匹配,使其成为一个企业-年份的面板数据。其二,由于我国在2002年对《国民经济行业分类》进行了修订,因此工业企业数据库中2003年前后的四位数行业不具有可比性。为了修正这一问题,本书根据Brandt等(2012)的方法对行业代码进行了统一。其三,本书使用了Brandt等(2012)构建的投入和产出价格平减指数对所有名义变量以2007年为基期进行了平减处理。

对于指标缺失和指标异常的问题,本书参考杨汝岱(2015)的方法,对数据库中的样本和变量进行了如下处理:首先,剔除固定资产净值、从业人数和工业增加值等重要指标缺失的企业,剔除职工人数少于8人的企业;剔除工业总产值小于流动资产的企业。其次,剔除明显不符合"资产=负债+所有者权益"会计恒等式的企业样本。最后,删除只有一年观测值的企业样本。

本书使用的工业企业数据范围为1998—2007年,城市空间形态的数据也覆盖了这一时间范围。城市空间形态仅仅反映了城市（非农村地区）的空间特征，因此本书使用市辖区的工业企业和城市空间形态数据进行匹配。样本全部为 2002 年《国民经济行业分类》中的制造业企业，总样本量为 427 759 个。

5.3.2　企业全要素生产率的估计

5.3.2.1　计算企业全要素生产率所需变量

（1）工业增加值。数据库中工业增加值变量的年份跨度为 1998—2007 年，但是 2004 年的数据没有包含各个企业的工业增加值。本书采用刘小玄和李双杰（2008）的方法，使用公式"工业增加值 = 当年销售收入 + 期末存货 − 期初存货 − 中间投入 + 当年增值税额"补齐了 2004 年的数据。之后，本书使用两位数行业产出价格指数对工业增加值进行平减处理，该价格指数使用 Brandt 等（2012）的计算结果。

（2）企业劳动投入。本书使用工业企业数据库中的从业人数变量衡量企业的劳动投入。

（3）中间投入。工业企业数据库中有中间投入变量，本书使用 Brandt 等（2012）提供的两位数行业投入价格指数对其进行平减处理，衡量企业的实际中间投入。

（4）固定资产投入。本书使用固定资产原值减去上年固定资产原值作为固定资产投资，并使用 Brandt 等（2012）计算的两位数行业投入价格指数来进行平减处理。

5.3.2.2　企业全要素生产率

本书使用 ACF 法（Ackerberg et al.，2015）计算关注的被解释变量——企业全要素生产率。在稳健性检验中，采用 Olley 和 Pakes（1996）、Levinsohn 和 Petrin（2003）等方法计算。

5.3.3　变量的描述性统计

城市空间形态是本书关注的核心变量。对于企业所处城市空间形态的量化方法，本书借鉴了 Angel 等（2010）建立的城市空间形态指标（见 3.3.3 节）。在实证结果中，本书主要给出了 Cohesion 指标的结果，使用其他指标的结果作为稳健性检验的结果。表 5.1 给出了本书变量的描述性统计信息。从均值来看，企业平均年龄为7.8年，流动资产占总资产比重为61.4%，资产负债比为55.5%，出口企业占比为33.3%。从企业性质来看，民营企业占比最高，达到72.6%，国有企业和外资企业分别占5.6%和21.9%。

表5.1　描述性统计

变量	均值	标准差	最小值	最大值
企业层面变量				
全要素生产率	4.920	1.286	−5.300	11.997
对数企业年龄/年	2.054	0.754	0	3.912
对数资产规模/万元	9.588	1.147	0.712	12.210
流动资产占比	0.614	0.226	0	1
资产负债比	0.555	0.247	0	1
出口企业占比	0.333	0.471	0	1
民营企业占比	0.726	0.446	0	1
国有企业占比	0.056	0.229	0	1
外资企业占比	0.219	0.413	0	1
行业层面变量				
行业集中度/HHI	0.408	0.347	0	1
城市层面变量				
Cohesion/千米	18.453	10.270	0.212	36.106
对数城市面积/平方千米	6.472	1.374	0.113	8.387
对数人均GDP/元/人	11.804	0.656	8.770	13.646
对数城市规模/万人	5.491	1.044	2.713	7.331

注：①表中的企业全要素生产率采用Ackerberg等（2015）的方法计算。

②所有变量的观测个数均为427 759。

5.4 实证模型

5.4.1 基准模型

为考察城市空间形态对制造业企业全要素生产率的影响，本书对式（5.1）进行估计。式（5.1）中，下标 i、j 分别代表企业和行业，c、t 分别代表城市和年份。$\text{TFP}_{i,j,c,t}$ 为企业全要素生产率，$\text{Shape}_{c,t}$ 为城市空间形态指标，β 是本书的关注系数。$\text{Shape}_{c,t}$ 衡量城市空间形态，$\text{Shape}_{c,t}$ 数值越大，城市空间形态紧凑性水平越低。因此，β 为负意味着空间形态紧凑的城市有利于提高企业生产效率，β 为正则代表空间形态紧凑的城市不利于提高企业生产率。

$$\ln\text{TFP}_{i,j,c,t} = \alpha + \beta \cdot \text{Shape}_{c,t} + \theta \cdot X_{i,t} + \delta \cdot H_{j,t} + \varphi \cdot Z_{c,t} + \text{Firm}_i + \text{Year}_t + \text{City}_c + \varepsilon_{i,j,c,t} \tag{5.1}$$

为缓解模型的内生性问题，本书在模型中加入了一系列随时间变化的企业特征、行业特征和城市特征。$X_{i,t}$ 为企业层面的控制变量，包括企业年龄、企业规模、资产负债比、流动资产占比等。$H_{j,t}$ 为行业集中度，用赫芬达尔指数表示。$Z_{c,t}$ 为城市特征，包括城市面积、城市人口规模、经济发展水平等。本书通过在式（5.1）中加入年份虚拟变量 Year_t 和城市虚拟变量 City_c 来控制全国层面的宏观冲击和不随时间变化的城市特征（如地理位置、地形坡度等）对企业全要素生产率的影响，通过加入企业虚拟变量 Firm_i 来控制企业个体的异质性。$\varepsilon_{i,j,c,t}$ 为误差项。

5.4.2 内生性问题

直接使用 OLS 估计式（5.1）可能导致估计系数存在偏误。原因如下：第一，高效率企业的布局选择依赖于已有的需求分布，其更可能布局在市场周围，从而导致城市在扩张过程中保持相对紧凑的空间形态。这种反向因果会高估城市空间形态对企业生产率的影响。第二，城市空间形态和企业生产效率可能同时受到某一因素的影响，而这一因素又不可观测，从而使模型产生内生性。例如，地方政府执行力较强，在城市建设方面可能表现为较高的城市规划和建设水平，在招商引资方面拥有更多措施方法，如提供相对完备的基础设施并给予企业税收优惠等（Kline 和 Moretti，

2014）。因此，地方政府能力较强和紧凑的城市空间形态与企业生产效率有关。又比如，城市的土地供应政策既能通过影响城市扩张来影响城市空间形态，也会通过影响工业用地数量和价格影响工业企业选址，但城市空间形态和工业企业生产并没有因果关系。第三，遗漏变量。企业技术能力是无法被模型控制的变量，它同时又和城市空间形态相关。企业布局并非随机选择，技术能力强的企业更希望布局在空间形态紧凑度高的城市。这可能导致解释变量与误差项相关，从而引起内生性问题。

现有文献多采用寻找外生冲击事件的方式来解决模型的内生性问题（Alder et al.，2016；Zheng et al.，2017；刘瑞明和赵仁杰，2015）。但是，本书的研究主题很难匹配这样的自然实验。在这种情况下，学者们一般选择采用工具变量的方式来缓解模型的内生性偏误（Fallah et al.，2011；杨本建和黄海珊，2018）。本书构造工具变量的一个难点是，城市空间形态在城市和时间两个维度存在变异，而传统的工具变量，如历史上的人口规模或者城市坡度、起伏度等，都缺乏时间层面的变异。在使用该类工具变量来解决内生性问题时，我们通常以舍弃城市固定效应或者舍弃样本数量作为代价。参考 Harari（2020）的做法，本书基于理想的城市扩张过程和地理限制条件，构造在城市和时间维度都存在变异潜在的城市空间形态，并将其作为实际的城市空间形态的工具变量。该方法假设城市呈同心圆模式向外扩张，扩张过程仅受历史人口增长、周围地形（山地、海域）、城市行政边界的影响，不受城市不可观测特征和政策冲击的影响。因此，潜在的城市空间形态和实际的城市空间形态具有相关性，但是又有良好的外生性。同时，潜在的城市空间形态与企业生产率不相关，只能通过改变实际的城市空间形态来影响企业生产效率。该工具变量的构造过程在第 4 章中有详细介绍。

5.5　实证结果

5.5.1　城市空间形态与企业生产效率

为了验证城市空间形态和企业生产效率的关系，本书首先使用 OLS 估计式（5.1），回归结果如表 5.2 中第（1）~（6）列所示。第（1）列仅控制了城市空间形态 Cohesion 和城市面积。第（2）列加入了企业自身特征，第（3）列在第（2）列的基础上进一步加入了企业所在城市的特征。从第（4）列起，本书逐步加入企业固定效应、年份固定效应和城市固定效应以控制企业层面不可观测且不随时间变化的个体异质性、宏观层面的政策冲击以及城市的个体效应。所有回归结果的系数的标准误聚类在城市层面。

结果显示，在不包含固定效应的模型中［第（1）~（3）列］，城市空间形态对企业生产效率的影响为负，但不显著。在第（4）~（6）列，随着企业、城市和时间虚拟变量的加入，城市空间形态的系数在1%水平上显著为负。这说明较长的城市内部距离对企业全要素生产率造成了不利影响。在其他条件不变的情况下，城市空间形态紧凑性水平和企业生产效率正相关。城市空间形态越紧凑，该区域内企业的生产效率越高，这一结果初步支持了本书提出的假说。

表 5.2　城市空间形态对企业生产效率的影响

被解释变量	（1）	（2）	（3）	（4）	（5）	（6）
	企业全要素生产率					
Cohesion	-0.007	-0.007	-0.004	-0.021 ***	-0.025 ***	-0.025 ***
	(0.012)	(0.011)	(0.011)	(0.005)	(0.005)	(0.005)
对数城市面积	0.119	0.026	0.114	0.233 ***	0.212 ***	0.211 ***
	(0.085)	(0.074)	(0.082)	(0.053)	(0.064)	(0.065)
企业年龄		-0.084 ***	-0.081 ***	0.341 ***	0.194 ***	0.194
		(0.010)	(0.010)	(0.036)	(0.027)	(0.027)
对数资产规模		0.212 ***	0.214 ***	0.243 ***	0.229 ***	0.229 ***
		(0.014)	(0.014)	(0.015)	(0.016)	(0.016)
流动资产占比		1.171 ***	1.198 ***	0.817 ***	0.810 ***	0.810 ***
		(0.068)	(0.066)	(0.053)	(0.053)	(0.053)
资产负债比		-0.458 ***	-0.457 ***	-0.224 ***	-0.209 ***	-0.209 ***
		(0.049)	(0.047)	(0.033)	(0.035)	(0.035)
出口企业		0.223 ***	0.219 ***	-0.000	0.014 **	0.014 **
		(0.032)	(0.028)	(0.007)	(0.007)	(0.007)
民营企业		0.330 ***	0.320 ***	0.054 **	0.047 **	0.047 **
		(0.039)	(0.040)	(0.021)	(0.018)	(0.019)
外资企业		0.391 ***	0.390 ***	0.039	0.032	0.032
		(0.057)	(0.057)	(0.026)	(0.026)	(0.026)
行业集中度		-0.226 ***	-0.218 ***	-0.077 ***	-0.090 ***	-0.091 ***
		(0.053)	(0.055)	(0.019)	(0.018)	(0.018)

表5.2(续)

被解释变量	(1)	(2)	(3)	(4)	(5)	(6)
			企业全要素生产率			
对数人均 GDP			-0.161**	0.107*	0.054	0.054
			(0.075)	(0.060)	(0.044)	(0.044)
对数城市规模			-0.098	0.015	-0.002	-0.004
			(0.076)	(0.027)	(0.020)	(0.021)
企业固定效应	不控制	不控制	不控制	控制	控制	控制
年份固定效应	不控制	不控制	不控制	不控制	控制	控制
城市固定效应	不控制	不控制	不控制	不控制	不控制	控制
样本个数	427 759	427 759	427 759	427 759	427 759	427 759
调整的 R^2	0.006	0.095	0.098	0.727	0.729	0.729

注：①括号内列出了聚类在城市层面的标准误。

②*、**、*** 分别代表在10%、5%和1%的水平上显著。

表5.2第（6）列的结果还显示，城市面积的系数显著为正，这代表城市用地规模对企业生产率存在正面影响，说明我国的城市中仍然存在显著的集聚效应，这与现有研究结论一致（郭晓丹等，2019；李晓萍等，2015）。企业年龄的系数为正，代表持续经营的企业有更高的生产效率。资产规模的系数显著为正，说明资产规模有利于企业生产率提高。民营企业变量的系数为正，表明相较于国有企业，民营企业的平均绩效更高。企业流动资产占比系数显著为正，企业资产负债率的系数显著为负，代表流动资产越充裕、负债比例越低的企业生产率越高。出口企业的虚拟变量系数显著为正，说明出口企业比非出口企业拥有更高的生产效率。行业集中度（赫芬达尔指数）显著为负，说明行业竞争对企业生产率存在正向影响。企业所处行业的竞争相对激烈，企业自身的生产率也更高。人均 GDP和城市人口规模等变量的系数均不显著。

5.5.2 工具变量回归

在5.4.2节内生性问题分析的基础上，本书使用潜在的城市空间形态作为实际的城市空间形态的工具变量参与回归，回归结果如表5.3所示。工具变量的第一阶段 F 值为192.594，表明模型不存在弱工具变量问题，说明构造的工具变量是有效的。第（1）列中，城市空间形态变量的系数显著为负，说明在消除了内生性问题影响后，城市空间形态紧凑性与企业生产率的正相关可以解释为因果关系。紧凑的城市空间形态对企业生产率有正向的影响。系数绝对值显示，市内平均交通距离每缩短 1 千米，企业生产率提高 2.6%。第（2）列汇报了工具变量的第一阶段结果。结果显示，潜在的城市空间形态与实际城市空间形态正相关，这与 5.4.2 节的分析一致。

表 5.3 城市空间形态对企业生产效率的影响：工具变量回归

被解释变量	（1） 工具变量回归 企业全要素生产率	（2） 第一阶段回归 Cohesion
Cohesion	−0.026 ** （0.011）	
Cohesion_potential		2.186 *** （0.158）
对数城市面积	0.217 ** （0.096）	7.520 *** （0.856）
企业控制变量	控制	控制
行业控制变量	控制	控制
城市控制变量	控制	控制
企业固定效应	控制	控制
年份固定效应	控制	控制
城市固定效应	控制	控制
样本个数	427 759	427 759
调整的 R^2	−0.220	0.989
F 值	192.594	—

注：①括号内列出了聚类在城市层面的标准误。

②控制变量与基准回归相同。

③*、**、*** 分别代表在 10%、5% 和 1% 的水平上显著。

5.5.3 自选择问题

除内生性以外，还有一类偏误来自企业的自选择问题。企业在空间上的选址不是随机结果而是企业利润最大化行为的结果。现有文献发现，规模较大、竞争力较强的企业会选择进入大城市以获取更大的市场份额，而规模较小、竞争力较弱的企业选择进入小城市以逃避竞争。前者通常被称为选择效应，后者被称为分类效应。在本书研究的问题中，生产效率高的企业可能会选择进入空间形态紧凑性水平较高的城市，从而表现出城市空间形态紧凑性与企业生产效率呈现正相关的特征。另外，空间形态紧凑性水平较高的城市可能具有正的生产外部性，通过竞争在这些城市中生存下来的企业都是生产率较高的企业，生产率较低的企业则被淘汰或者退出这些城市，从而搬迁到紧凑性水平相对低的城市。企业的自选择问题会导致基准结果中估计的城市空间形态的系数偏高。

如果自选择问题源于可观测的变量（如企业规模、企业年龄等），本书已经通过在回归中控制这些变量加以解决。如果自选择问题源于企业不可观测的个体效应（如企业技术能力），本书也通过在模型中控制企业固定效应和使用工具变量法解决了城市空间形态与误差项相关的问题。因此，这类问题在表5.3中得到了解决。

因此，本书先使用 Dela 和 Puga（2017）的做法，通过图形来说明企业的自选择问题是否严重，然后基于平衡面板数据对模型进行重新估计。本书基于式（5.1）的回归结果估计企业的个体效应。在此基础上，本书对比不同城市空间形态的企业个体效应是否存在明显差异，如果存在明显差异则代表自选择问题严重，反之则代表自选择问题不严重。图5.3所示的是表5.2第（6）列估计得到的企业个体效应的分布。

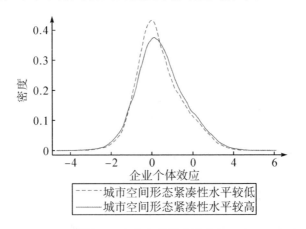

图 5.3　企业个体效应的分布

注：①图中使用城市空间形态指数（标准化后的 Cohesion）画图，该指数等于 Cohesion 除以城市面积的算数平方根。

②企业个体效应为企业不随时间变化的个体特征，来自表5.2第（6）列的估计。

图 5.3 使用城市空间形态指数（标准化的城市空间形态指标）将企业分成两组①。可以看到，两组企业的个体特征分布存在明显差异，空间形态紧凑性水平较高一组的企业个体效应明显向右移动。这意味着企业确实在不同城市空间形态上存在样本选择。

在之前的研究中，本书使用的样本都是非平衡面板数据。在整个样本观测的时间区间，既有企业退出市场，也有新企业进入市场。本部分将非平稳面板数据处理为平衡面板数据后对方程重新进行估计。这样做有利于缓解由于企业进入或退出市场造成的样本选择性偏误。表 5.4 列出了该结果。其中，第（1）、（3）、（5）列汇报了 OLS 的估计结果，第（2）、（4）、（6）列汇报了 IV 的估计结果。第（1）和第（2）列采用 2001—2007 年每年均有观测值的样本，第（3）、第（4）列和第（5）、第（6）列分别采用的 2002—2007 年以及 2003—2007 年的平衡面板数据。工具变量回归都通过了弱工具变量检验。结果显示，中国于 2001 年年底加入世界贸易组织，面临的国际经济环境发生重大变化，因此，这一年城市空间形态的作用没有体现出来。除此之外，其他 IV 估计的结果中，Cohesion 系数都在 5% 的水平下显著为负。第（2）列 IV 的系数为 -0.022，略小于表 5.3 工具变量回归的结果（-0.026），这说明使用持续经营的企业样本也能得到城市空间形态紧凑性水平有利于企业生产效率提高的结论，但是，不考虑样本自选择效应，会导致略微高估城市空间形态外部性。这和前面得出的结论一致。

表 5.4　城市空间形态对企业生产效率的影响：平衡面板

被解释变量	（1）OLS 2001—2007	（2）IV 2001—2007	（3）OLS 2002—2007	（4）IV 2002—2007	（5）OLS 2003—2007	（6）IV 2003—2007
	企业全要素生产率					
Cohesion	-0.029^{***}	-0.022^{**}	-0.031^{***}	-0.018	-0.029^{***}	-0.038^{**}
	（0.007）	（0.009）	（0.010）	（0.016）	（0.007）	（0.018）
对数城市面积	0.282^{***}	0.236^{***}	0.290^{**}	0.188	0.230^{**}	0.306^{*}
	（0.080）	（0.089）	（0.114）	（0.153）	（0.093）	（0.166）

①　因 Cohesion 和城市用地规模相关，直接使用 Cohesion 分组会造成企业个体效应在空间形态和城市用地规模上的差异，无法说明企业是在空间形态上存在样本选择还是在城市用地规模上存在样本选择。

表5.4(续)

被解释变量	(1) OLS	(2) IV	(3) OLS	(4) IV	(5) OLS	(6) IV
	2001—2007		2002—2007		2003—2007	
	企业全要素生产率					
其他控制变量	控制	控制	控制	控制	控制	控制
企业固定效应	控制	控制	控制	控制	控制	控制
年份固定效应	控制	控制	控制	控制	控制	控制
城市固定效应	控制	控制	控制	控制	控制	控制
样本个数	67 200	67 200	80 628	80 628	104 210	104 210
调整的 R^2	0.756	0.041	0.761	0.036	0.774	0.035
F 值	—	240.718		242.429	—	182.011

注：①表中所有控制变量和基准回归相同。

②括号内列出了聚类在城市层面的标准误。

③*、**、***分别代表在10%、5%和1%的水平上显著。

5.5.4　稳健性检验

5.5.4.1　企业全要素生产率的度量

本书首先通过改变企业全要素生产率的计算方法来检验基准回归结果的稳健性。本书使用 OP（Olley 和 Pakes，1996）和 LP（Levinsohn 和 Petrin，2003）方法估计企业生产率，并在此基础上重新估计式（5.1）。回归结果如表5.5所示，第（1）列和第（3）列引出了 OLS 的估计结果，第（2）列和第（4）列给出了 IV 的估计结果。表5.5的模型设定与基准结果一致。第（2）列采用基于 OP 方法计算的企业生产率为被解释变量，使用潜在的城市空间形态作为实际的城市空间形态的工具变量。结果显示，城市空间形态变量的系数显著为负，但显著性有所降低。第（4）列使用基于 LP 方法计算的企业生产率为被解释变量，城市空间形态变量的系数同样显著为负，且绝对值和基准结果较为接近。表5.5的结果显示，城市空间形态紧凑性水平有利于企业生产率提高的结果是稳健的。

表 5.5　稳健性检验：改变 TFP 的测算方法

被解释变量	(1) OLS	(2) IV	(3) OLS	(4) IV
	LP 方法		OP 方法	
	企业全要素生产率			
Cohesion	-0.021***	-0.024*	-0.022***	-0.025**
	(0.005)	(0.013)	(0.005)	(0.011)
对数城市面积	0.175***	0.194*	0.196***	0.217**
	(0.062)	(0.110)	(0.059)	(0.099)
其他控制变量	控制	控制	控制	控制
企业固定效应	控制	控制	控制	控制
年份固定效应	控制	控制	控制	控制
城市固定效应	控制	控制	控制	控制
样本个数	427 759	427 759	427 759	427 759
调整的 R^2	0.645	-0.196	0.626	-0.237
F 值	—	191.477	—	191.477

注：①表 5.5 中所有控制变量和基准回归相同。

②括号内列出了聚类在城市层面的标准误。

③*、**、*** 分别代表在 10%、5% 和 1% 的水平上显著。

5.5.4.2　城市空间形态的度量

在 3.3.3 节的介绍中，城市空间形态有多种测度。本书使用 Proximity、Spin 和 Range 替代 Cohesion 对结果进行稳健性检验，如表 5.6 所示。第 (1)、(3) 和 (5) 列给出了 OLS 的结果，第 (2)、(4)、(6) 列出了 IV 的结果。从表 5.6 中可以发现，改变城市空间形态变量的测量方式不影响系数的方向和显著性。以第 (2) 列为例，城市内部所有点到市中心的距离缩短 1 千米，企业生产率提高 3.7%。该系数在绝对值上比 Cohesion 的值更大。这可能与两个指标在计算上的差异有关。Proximity 的计算依赖于城市中心，而在 Cohesion 的计算中，每个点的重要性是一样的。该结果表明，城市中心在企业生产活动中具有重要作用，缩短到城市中心的平均距离会带来企业 TFP 更大的增长。Spin 的经济显著性较弱，这是因为 Spin 本身的数值较大。Range 代表了城市扩张的最远距离，其系数为 -0.015。使用不同城市空间形态指标的结果显示，本书的基准实证结果是稳健的。

表 5.6　稳健性检验：变换城市空间形态指标的测量方式

被解释变量	(1) OLS	(2) IV	(3) OLS	(4) IV	(5) OLS	(6) IV
	企业全要素生产率					
Proximity	-0.034^{***}	-0.037^{**}				
	(0.007)	(0.015)				
Spin			-0.001^{***}	-0.001^{**}		
			(0.000)	(0.000)		
Range					-0.007^{***}	-0.015^{**}
					(0.002)	(0.006)
对数城市面积	0.210^{***}	0.224^{**}	0.116^{**}	0.106^{*}	0.180^{***}	0.354^{**}
	(0.065)	(0.099)	(0.055)	(0.059)	(0.061)	(0.150)
其他控制变量	控制	控制	控制	控制	控制	控制
企业固定效应	控制	控制	控制	控制	控制	控制
年份固定效应	控制	控制	控制	控制	控制	控制
城市固定效应	控制	控制	控制	控制	控制	控制
样本个数	427 759	427 759	427 759	427 759	427 759	427 759
调整的 R^2	0.729	-0.220	0.729	-0.220	0.729	-0.224
F 值	—	184.570	—	177.738	—	3.235

注：①表中所有控制变量和基准回归相同，企业全要素生产率仍使用 Ackerberg 等（2015）的方法进行估计。

②括号内列出了聚类在城市层面的标准误。

③*、**、*** 分别代表在 10%、5% 和 1% 的水平上显著。

5.5.4.3　增加控制变量

行业内的专业化集聚和行业间的多样化集聚是影响企业生产效率的重要途径。为控制这一因素，本书参考 Rosenthal 和 Strange（2004）、范剑勇等（2014）的做法，进一步控制反映行业空间集聚的专业化指标和多样化指标。本书用 c、j、i、t 分别代表城市、三位数行业、企业和年份，j' 表示其他行业，L 表示企业从业人数。专业化指标为该行业在本地区企业的就业人数（除本企业外）占本地区全部就业人数的比例，除以该行业在全国的就业人数占全国制造业就业人数的比例，用式（5.2）表示。多样化指标为其他行业在本地区的就业人数占本地区全部就业人数的比例，与其他行业在全国的就业人数占全国制造业就业比例偏差（绝对值）之和的倒数，用式（5.3）表示。其中，$L_{c,j,t}$ 表示城市 c 行业 j 在 t 年的就业人数，$L_{c,t}$ 表示

城市 c 在 t 年的就业人数，$L_{j,t}$ 表示行业 j 在 t 年的所有就业人数，L_t 表示 t 年全国制造业就业人数。

$$\mathrm{Spe}_{c,j,i,t} = \frac{(L_{c,j,t} - L_{c,j,i,t}) / L_{c,t}}{L_{j,t} / L_t} \tag{5.2}$$

$$\mathrm{Div}_{c,j,i,t} = 1 / \sum_{j'} \left| \frac{L_{c,j',t}}{L_{c,t}} - \frac{L_{j',t}}{L_t} \right| \tag{5.3}$$

表 5.7 第（2）列和第（4）列列出了使用 IV 的估计结果。可以发现，专业化指标和多样化指标的系数都不显著，城市空间形态指标 Cohesion 显著为负，且系数大小没有发生明显的变化。此外，第（5）～（6）列增加了城市人口密度作为控制变量，也不影响城市空间形态变量的显著性。

表 5.7　稳健性检验：增加控制变量

被解释变量	（1）OLS	（2）IV	（3）OLS	（4）IV	（5）OLS	（6）IV
	对数人均 GDP					
Cohesion	−0.025***	−0.026**	−0.025***	−0.026**	−0.025***	−0.027**
	(0.005)	(0.011)	(0.005)	(0.011)	(0.005)	(0.011)
对数城市面积	0.211***	0.216**	0.210***	0.215**	0.210***	0.217**
	(0.065)	(0.096)	(0.064)	(0.095)	(0.064)	(0.096)
专业化指标	0.000	0.000				
	(0.001)	(0.001)				
多样化指标			−0.006	−0.006		
			(0.019)	(0.019)		
城市人口密度					−0.021	−0.021
					(0.020)	(0.020)
其他控制变量	控制	控制	控制	控制	控制	控制
城市固定效应	控制	控制	控制	控制	控制	控制
年份固定效应	控制	控制	控制	控制	控制	控制
城市固定效应	控制	控制	控制	控制	控制	控制
样本个数	427 759	427 759	427745	427745	427687	427687
调整的 R^2	0.729	−0.220	0.729	−0.220	0.729	−0.220
F 值	—	192.399	—	188.449	—	195.321

注：①表中其他控制变量和基准回归相同。

②在不同列分别加入集聚的专业化指标、多样化指标和人口密度作为控制变量。

③括号内列出了聚类在城市层面的标准误。

④*、**、***分别代表在 10%、5% 和 1% 的水平上显著。

5.5.5　异质性分析

5.5.5.1　不同区位

城市内部不同区位的企业受城市空间形态影响的作用可能不同。因此，本书收集了工业企业的经纬度并计算了每个企业位置到城市中心的距离，生成了可以表示企业位置的虚拟变量 remote。当企业到城市中心的距离大于所有企业到城市中心距离的均值时，remote 取值为 1，反之则为 0。本书通过在式（5.1）中引入城市空间形态 Cohesion 与 remote 的交互项来验证不同区位企业受到影响的异质性。

表 5.8 第（1）列和第（2）列给出了使用全样本的回归结果。第（2）列使用了工具变量参与回归。结果显示，城市空间形态和 remote 的交互项不显著，Cohesion 本身显著为负。这表示，距离城市中心较远的企业和靠近城市中心的企业受到的影响没有显著差异。使用交互项进行异质性分析可以一目了然判断两组样本是否存在显著差异，但该模型的设定形式假设其他变量在两组中的作用都是相同的。第（3）~（5）列给出了分组回归的结果。结果显示，城市空间形态对距离城市中心较远的企业的影响系数为−0.035，在 1%的水平上显著［第（4）列］，对于距离城市中心较近的企业的影响系数为−0.020，在 10%的水平上显著［第（6）列］。

表 5.8　异质性分析：城市内部的不同区位

被解释变量	（1）OLS	（2）IV	（3）OLS	（4）IV	（5）OLS	（6）IV
	全样本		子样本（remote＝1）		子样本（remote＝0）	
	企业全要素生产率					
Cohesion	−0.025***	−0.027**	−0.028***	−0.035***	−0.021***	−0.020*
	(0.005)	(0.011)	(0.005)	(0.012)	(0.006)	(0.011)
Cohesion×remote	−0.000	0.001				
	(0.001)	(0.001)				
对数城市面积	0.211***	0.218**	0.234***	0.287***	0.176**	0.168*
	(0.065)	(0.097)	(0.064)	(0.104)	(0.072)	(0.100)
其他控制变量	控制	控制	控制	控制	控制	控制
企业固定效应	控制	控制	控制	控制	控制	控制
年份固定效应	控制	控制	控制	控制	控制	控制
城市固定效应	控制	控制	控制	控制	控制	控制
样本个数	427 759	427 759	210 345	210 345	200 485	200 485
调整的 R^2	0.729	−0.220	0.736	−0.263	0.733	−0.264

表5.8(续)

被解释变量	(1) OLS	(2) IV	(3) OLS	(4) IV	(5) OLS	(6) IV
	全样本		子样本（remote＝1）		子样本（remote＝0）	
			企业全要素生产率			
F 值	—	96.278	—	178.572	—	181.427

注：①表中的其他控制变量与基准回归相同。

②前两列使用全样本进行回归，其余列使用子样本进行回归。

③分组后，单例观测样本的存在导致子样本个数之和不等于总样本个数。

④括号内列出了聚类在城市层面的标准误。

⑤*、**、***分别代表在10%、5%和1%的水平上显著。

分组回归的结果显示，城市空间形态对不同区位的企业存在相似的影响效果，但是对位置偏僻的企业效果更显著。这符合预期。城市空间形态紧凑性水平下降会更大幅度地延长位于城市边缘的企业到城市中心的距离。同时，城市空间形态的不紧凑会延长所有企业彼此之间的交通距离，这也影响到城市中心的企业。表5.8的结果显示，城市内部不同区位的企业的全要素生产率都受到城市空间形态的影响，但没有显著差异。使用工具变量回归的模型都通过了弱工具变量检验。分组样本数量之和不等于全样本数量是回归过程中单例样本（singleton observations）① 所导致。

5.5.5.2　行业差异

地区产业结构升级是各地经济发展的重要目标。从文献来看，技术密集型产业的发展更依赖集聚效应（Carlino和Kerr，2015）。从城市空间形态来看，我们是否会得到不同结论？为此，本书借鉴郭晓丹等（2019）的做法，基于两位数行业代码将企业按照要素密集程度分为劳动密集型企业、资本密集型企业和技术密集型企业②，进一步考察不同行业受城市空

---

① 单例样本，即一组只有一个样本，在使用多重固定效应时会出现。保留单例样本使计算效率下降，且会放大系数的统计显著性，可能导致得出错误的结论。

② 劳动密集型行业包括：农副食品加工业（13）、食品制造业（14）、饮料制造业（15）、纺织业（17）、纺织服装、鞋、帽制造业（18）、皮革、毛皮、羽毛（绒）及其制造业（19）、木材加工及木、竹、藤、棕、草制品业（20）、家具制造业（21）、文教体育用品制造业（24）、工艺品及其他制造业（42）。资本密集型行业包括：烟草制造业（16）、造纸及纸制品业（22）、印刷业和记录媒介的复制（23）、石油加工、炼焦及核燃料加工业（25）、化学原料及化学制品制造业（26）、化学纤维制造业（28）、橡胶制品业（29）、塑料制品业（30）、非金属矿物制品业（31）、黑色金属冶炼及压延加工业（32）、有色金属冶炼及压延加工业（33）、金属制品业（34）。技术密集型行业包括：医药制造业（27）、通用设备制造业（35）、专用设备制造业（36）、交通运输设备制造业（37）、电气机械及器材制造业（39）、通信设备、计算机及其他电子设备制造业（40）、仪器仪表及文化、办公用机械制造业（41）。

间形态紧凑性变化影响的差异，结果如表 5.9 所示。

比较表 5.9 中第（2）、（4）、（6）列 Cohesion 的估计结果可以发现，对于劳动密集型行业和技术密集型行业，Cohesion 的估计系数分别为 -0.036 和 -0.029，且至少在 10% 的水平上显著。对于技术密集型行业，Cohesion 系数为负但不显著。这说明，之前得出"城市空间形态紧凑性对企业全要素生产率的促进效应存在于劳动密集型和资本密集型行业中"这一结论，在技术密集型行业并不成立。这意味着城市空间形态的紧凑性对于劳动密集型和资本密集型行业集中的城市更加重要。

表 5.9　异质性分析：不同行业

被解释变量	(1) OLS	(2) IV	(3) OLS	(4) IV	(5) OLS	(6) IV
	劳动密集型		资本密集型		技术密集型	
	企业全要素生产率					
Cohesion	-0.031***	-0.036***	-0.025***	-0.029*	-0.024***	-0.017
	(0.006)	(0.009)	(0.006)	(0.015)	(0.006)	(0.013)
对数城市面积	0.218***	0.252***	0.234***	0.262**	0.215***	0.170
	(0.060)	(0.078)	(0.073)	(0.132)	(0.073)	(0.104)
其他控制变量	控制	控制	控制	控制	控制	控制
企业固定效应	控制	控制	控制	控制	控制	控制
年份固定效应	控制	控制	控制	控制	控制	控制
城市固定效应	控制	控制	控制	控制	控制	控制
样本个数	125 761	125 761	165764	165 764	132 840	132 840
调整的 R^2	0.766	-0.216	0.688	-0.235	0.610	-0.228
F 值	—	197.186	—	231.229	—	128.749

注：①表中的其他控制变量与基准回归相同。

②行业分样本数量之和不等于总样本数量是由于多重固定效应下删除了单例样本所致。

③括号内列出了聚类在城市层面的标准误。

④*、**、*** 分别代表在 10%、5% 和 1% 的水平上显著。

这一结果可以从紧凑城市空间形态所具有的交通便利性中得到合理解释。正如前面所述，Cohesion 代表了市内平均交通距离，劳动密集型行业和资本密集型行业有较大的产品运输需求，城市空间形态紧凑性水平的提高降低了市内交通运输成本，提高了产出效率。此外，劳动密集型行业的就业人口众多，居住在城市的劳动者得益于紧凑城市带来的通勤便利，会有更高的生产效率。而资本密集型行业中，一些污染较重的企业通常布局在距离城市中心较远的地方，当城市空间形态紧凑性水平提高时，这些企业在运输距离的缩短和成本上的减少会更为明显。

5.5.5.3 企业规模的差异

现有研究表明，不同规模的企业从集聚经济中获得的效应也不同。小企业更容易从集聚经济中获得溢出效应（Chinitz，1961；Rosenthal 和 Strange，2011）。本书参考杨本建和黄海珊（2018）将企业按照就业人数划分为少于100人、100~300人、300~1 000人、1 000人以上四种规模。本书对不同规模企业样本进行分组回归，观察城市空间形态系数的大小和显著性，分析城市空间外部性在不同规模企业之间的差异，回归结果如表5.10所示。所有列都使用了工具变量进行回归。对就业人数不超过100人的企业，城市空间形态系数为−0.028，且在10%的水平上显著；对就业人数为100~300人的企业，城市空间形态系数为−0.028，且在1%的水平上显著；对300~1 000以及1 000人以上的企业组别，城市空间形态为负但是不显著。这说明，城市空间形态对企业生产效率的影响主要来自于中小企业，也说明中小企业从紧凑的空间形态所带来的集聚效应中获益更大。中小企业由于生产规模较小，对运输成本较为敏感，而紧凑的城市空间形态给予了中小企业成长的空间。这与现有研究的结论一致（王永进和张国峰，2016）。

表 5.10　异质性检验：企业规模

被解释变量	(1) 少于100人	(2) 100~300人	(3) 300~1000人	(4) 1000人以上
	企业全要素生产率			
Cohesion	−0.028[*]	−0.028[***]	−0.018	−0.003
	(0.016)	(0.009)	(0.013)	(0.064)
对数城市面积	0.200	0.257[***]	0.182[*]	0.097
	(0.145)	(0.083)	(0.096)	(0.431)
其他控制变量	控制	控制	控制	控制
企业固定效应	控制	控制	控制	控制
年份固定效应	控制	控制	控制	控制
城市固定效应	控制	控制	控制	控制
样本个数	191 319	145 568	60 044	7 407

表5.10(续)

被解释变量	(1) 少于 100 人	(2) 100~300 人	(3) 300~1000 人	(4) 1000 人以上
	企业全要素生产率			
调整的 R^2	−0.288	−0.292	−0.298	−0.346
F 值	280.298	182.781	84.032	17.980

注：①表中给出了使用潜在城市空间形态作为实际空间形态工具变量的结果。

②其他控制变量与基准回归相同。

③分组样本数量之和不等于总样本数量是因为单例样本的存在。

④括号内给出了聚类在城市层面的标准误。

⑤ * 、 ** 、 *** 分别代表在 10%、5% 和 1% 的水平上显著。

5.6 机制分析

前面的分析表明，城市空间形态紧凑性对制造业企业生产效率的促进作用是稳健的。基于以上结果，我们需要继续深入探讨的问题是，为什么紧凑城市中的企业拥有更高的生产效率？

5.6.1 集聚经济

根据研究假说 5.2，空间形态紧凑的城市有消费外部性——紧凑性水平越高的地区，商场、餐馆、电影院等生活、娱乐设施覆盖的群体越广，在需求的刺激下，商品、服务的种类和质量都更具多样性，使该地区更容易吸引高技能人才。本部分从劳动力供给的角度对研究假说 5.2 做出解释。一个被越来越多文献所关注的事实是，家庭选址决策不仅受到就业机会的影响，还受到城市的消费环境的影响（Glaeser et al., 2001）。随着收入的提高，人们对提高生活质量和改善生活品质的需求逐渐增加，理想的居住地应该包括便利的基础服务设施、多样化的商品和服务以及各式各样的娱乐场所。这些特征与城市的空间形态紧凑性程度相关，且对流动性强和收入较高的高技能人才有更大的吸引力。因此，紧凑的城市通过吸引高技能劳动力来提高本地企业的生产效率。

为了探究紧凑的城市是否吸引了更多的高技能劳动者，本书使用 2000 年和 2010 年全国人口普查数据中的区县层面的加总数据，计算了市辖区大专及以上学历人口占比和本科及以上学历人口占比作为高技能人才的代理变量。基于此，本书估计了城市空间形态对高技能人才集中水平的影响。控制变量包括当年的城市面积、总就业人口、人均 GDP、城市固定效应和年份固定效应。

表 5.11 中第（1）列和第（2）列将大专及以上学历人口占比作为被解释变量，第（3）列和第（4）列将本科及以上学历人口占比作为被解释变量。在解决模型的内生性问题方面，本书使用潜在的城市空间形态作为实际的城市空间形态的工具变量。从工具变量的回归结果来看，城市空间形态的系数都显著为负。紧凑城市对大学专科及以上学历劳动人口占比的影响系数在 10% 的水平上显著，对大学本科及以上学历人口占比的作用系数在 1% 的水平上显著。可以发现，提高城市空间形态紧凑性能吸引高技能劳动人才集聚。现有文献基于大量的研究，支持"教育质量的提升和人力资本积累有利于企业和地区经济效率提高"的结论（Xing，2014；梁文泉和陆铭，2015；张海峰等，2010）。这说明高技能人才的集聚，有利于企业生产效率的提高。因此，空间形态紧凑的城市吸引高技能劳动力集聚是其促进企业生产效率提高的作用机制。

表 5.11　机制检验：高技能人才

被解释变量	（1） OLS	（2） IV	（3） OLS	（4） IV
	大学专科及以上人口占比		大学本科及以上人口占比	
Cohesion	-0.001^{**}	-0.002^{*}	-0.002^{***}	-0.004^{***}
	（0.001）	（0.001）	（0.000）	（0.001）
对数城市面积	-0.001	0.003	0.002	0.010^{**}
	（0.004）	（0.006）	（0.003）	（0.005）
其他控制变量	控制	控制	控制	控制
年份固定效应	控制	控制	控制	控制
城市固定效应	控制	控制	控制	控制
样本个数	496	496	496	496
调整的 R^2	0.869	0.110	0.821	0.057
F 值	—	56.664	—	56.664

注：①表 5.11 使用高学历人口占比作为高技能人口占比的代理变量，验证城市空间形态对高技能人口集聚的影响。工具变量为潜在的城市空间形态。

②其他控制变量包括总就业人口、城市人均 GDP。

③括号内汇报了聚类在城市层面的标准误。

④*、**、*** 分别代表在 10%、5% 和 1% 的水平上显著。

5.6.2 企业进入

根据研究假说5.3，空间形态紧凑的城市具有生产外部性。一方面，紧凑城市中基础设施如道路、桥梁等利用效率更高，单位建设成本更低，这会增加城市对基础设施的供应（Glaeser和Khan，2004），提升道路通达性，缩短运输距离，从而降低生产成本。此外，紧凑城市内部企业间的知识外溢更加容易，有利于新企业快速学习成熟的技术（McCann，2007）。另一方面，紧凑城市对劳动人口的吸引为企业提供了厚的劳动力市场，这有利于促进企业与劳动者之间高效的匹配，从而获得较高的生产率溢价（Moretti，2011）。以上分析表明，紧凑城市对新企业有很大的吸引力。

表5.12 机制检验：新企业进入

被解释变量	(1) OLS	(2) IV
	对数企业进入数量	
Cohesion	−0.038***	−0.127***
	(0.011)	(0.031)
对数城市面积	0.221***	0.810***
	(0.085)	(0.229)
其他控制变量	控制	控制
行业固定效应	控制	控制
年份固定效应	控制	控制
城市固定效应	控制	控制
样本个数	68 021	68 021
调整的 R^2	0.444	0.104
F 值	—	61.199

注：①表中使用对数企业进入数量作为被解释变量，对城市空间形态进行回归。工具变量为潜在城市空间形态。

②其他控制变量包括上一年的企业数量、行业集中度（HHI）、城市人口规模、城市人均GDP、人均财政支出、人均固定资产投入和人均道路面积。

③括号内汇报了聚类在城市层面的标准误。

④*、**、*** 分别代表在10%、5%和1%的水平上显著。

本书将地区3位数行业企业进入数量作为被解释变量，用对数企业进入数量对城市空间形态进行回归。考虑到现有企业数量和行业的集中水平会影响企业的进入决策，城市基础设施建设以及道路交通状况也会影响企业的进入行为，本书控制了上一年的企业数量、行业集中度（HHI）、城市人口规模、城市人均 GDP、人均财政支出、人均固定资产投入和人均道路面积，并控制了行业固定效应、年份固定效应以及城市固定效应。

表 5.12 汇报了实证结果。第（1）列汇报了 OLS 结果，城市空间形态系数为负且在 1% 水平上显著。这表明不紧凑的城市空间形态和企业进入数量负相关。第（2）列考虑到城市空间形态的内生性，使用潜在的城市空间形态作为实际的城市空间形态的工具变量参与回归。结果显示，紧凑的城市空间形态导致更多的企业进入。从数值来看，市内平均交通距离缩短 1 千米，新企业数量增加 12.7%。这与研究假说 5.3 的分析一致。

现有研究显示，新企业进入会提升本地经济活力，从而提高生产效率（Akcigit 和 Ates，2021）。杨本建和黄海珊（2018）发现，当厚的劳动力市场效应吸引新企业进入后，新企业的进入会对已经存在的企业的生产效率带来正面影响。因此，紧凑的城市空间形态通过影响企业进入来提高企业生产效率的机制得到验证。

5.6.3　企业创新

空间形态紧凑的城市内部，企业彼此之间的距离更近，紧凑度高的城市可能通过知识溢出促进企业的创新行为。本书收集了专利数据，使用对数专利数量对城市空间形态进行回归分析。模型控制了上一年的企业数量、行业集中度（HHI）、城市人均 GDP、城市面积、人均财政支出等变量，还控制了行业、城市和年份的固定效应。回归结果如表 5.13 所示。城市空间形态系数为正，但不显著。上一年的企业数量系数为正，说明企业数量越多，行业创新能力越强。行业集中度（赫芬达尔指数）系数为负，但不显著。虽然企业创新行为的增加有利于企业全要素生产率的提高，但是本书并没有从数据上观察到城市空间形态对企业创新行为有显著影响。这表明，城市空间形态的改善与市内平均交通距离的缩短没有通过促进企业的研发创新来提高企业生产效率。这可能是因为创新行为一般发生在行业内部，而整个城市内部平均交通距离的缩短，无法反映行业内知识溢出和技术交流的频率是否更高。但是这并不代表城市空间结构特征对企业创新行为就没有影响。使用更细化的城市特征指标有助于检验异质性空间特征对企业创新行为的影响。

表 5.13　机制检验：企业创新行为

被解释变量	（1）OLS	（2）IV
	对数专利数量	
Cohesion	0.000	0.004
	(0.002)	(0.003)
对数城市面积	0.019**	0.001
	(0.008)	(0.018)
上一年的企业数量	0.018***	0.017***
	(0.004)	(0.004)
行业集中度	−0.002	−0.003
	(0.006)	(0.006)
其他控制变量	控制	控制
行业固定效应	控制	控制
年份固定效应	控制	控制
城市固定效应	控制	控制
样本个数	31 935	31 935
调整的 R^2	0.022	0.000
F 值	—	50.656

注：①表中使用对数专利数量作为被解释变量，对城市空间形态进行回归，验证城市空间形态紧凑性水平对企业创新行为的影响。

②工具变量为潜在城市空间形态。

③其他控制变量包括城市人口规模、城市人均 GDP、人均财政支出等。

④括号内列出了聚类在城市层面的标准误。

⑤*、**、*** 分别代表在 10%、5% 和 1% 的水平上显著。

5.7　本章小结

城市的存在满足了企业对降低交易成本的需求。作为企业经营活动的空间载体，异质性城市空间特征对企业间生产效率差异的影响一直是城市经济学研究的热点。本章在量化城市空间形态的基础上，结合中国工业企业微观数据，研究城市空间形态紧凑性和企业生产效率之间的关系，得到了以下研究结果：第一，紧凑的城市空间形态对企业全要素生产率有积极影响。城市内部平均交通距离缩短 1 千米，本地企业全要素生产率将提高2.6%。第二，城市空间形态紧凑性对企业全要素生产率的提高作用主要来自劳动密集型行业、资本密集型行业和中、小企业，对城市内部不同区位企业的作用并不存在显著差异。第三，紧凑城市通过吸引高技能人才提高企业全要素生产率，表现为紧凑城市通过集聚效应发挥生产效率的促进作用。第四，通过分析不同紧凑性水平城市中的企业的个体效应，本章发现选择效应确实存在，高效率企业倾向于布局在空间形态紧凑的城市。第五，紧凑的城市有更多新企业进入，说明紧凑的城市具有生产优势。本章的研究结论表明，在微观企业层面，良好的城市规划和紧凑的城市空间形态有利于提高劳动生产率。

本章基于城市空间形态和企业生产效率的研究有如下政策启示：第一，地方政府在规划城市扩张路径时，要注重保持城市空间的紧凑度，特别是在建设新的产业园区或开发区的过程中，避免朝一个方向过度扩张，破坏城市整体的紧凑性。第二，提高企业生产效率，不仅需要企业自身进步，也需要地方政府为企业发展提供有利的外部环境。特别是在劳动密集型企业、资本密集型企业以及中小企业数量较多的城市，地方政府要更加注意城市空间的紧凑度，合理规划城市扩张路径，保持市内交通便利性。第三，地方政府要提高城市建设水平，用高水平的城市空间规划设计吸引高素质人才，为企业生产提供高质量的劳动力供给并不断吸引新企业进入，这将有助于提升本地企业的生产效率。

6 城市空间形态与城镇家庭消费

6.1 概述

有关城市增长的解释侧重于强调城市和工业化的关系。在200余年的全球城市化进程中，工业生产效率的提高确实对城市发展起到了关键作用。但是20世纪90年代以后，对发达国家城市复苏以及对发展中国家城镇化的研究中，城市消费属性逐渐受到关注（Glaeser 1998；Glaeser et al.，2001；Harari，2020）。现有研究认为，消费型城市可能替代生产型城市，成为新的城镇化发展模式。

全球经济增长速度放缓以来，刺激消费、扩大内需成为我国政府经济工作的重点。《中华人民共和国国民经济和社会发展第十四个五年规划和2035年远景目标纲要》（以下简称"十四五"规划）明确指出，要"加快构建以国内大循环为主体、国内国际双循环相互促进的新发展格局"。为了更好地理解我国低消费现象并提出促进消费的有效措施，我们有必要对城市空间特征与消费关系展开系统的研究。

长期以来，我国经济增长过分依赖投资拉动。消费不足，尤其是居民消费不足成为困扰经济持续增长的问题。消费是国民经济健康发展的动力，但中国的消费率比大多数国家要低（Curtis et al.，2015）。图6.1展示了我国总消费率①和居民消费率的变动趋势。1990—2020年，我国的总消费率由63.3%下降到54.3%，居民消费率由49.7%下降到37.7%，两者在总体上都呈现下降趋势。横向比较来看，中国的消费率长期低于美国和世

---

① 总消费率可以进一步分为政府消费率和居民消费率。其中政府消费率定义为政府消费占GDP的比重，居民消费率定义为全国居民消费占GDP的比重。

界平均水平，2020年中国的总消费率和居民消费率分别比世界平均水平低19.5和17.5个百分点。低消费和高储蓄使我国经济增长长期依靠投资拉动，以消费需求拉动经济才能保持经济长期、稳定发展，促进消费的重要性不言而喻。可以说，提振消费是我国在短期降低新冠病毒感染疫情冲击影响、在中期积极应对逆全球化趋势、在长期实现经济高质量发展的必然选择。

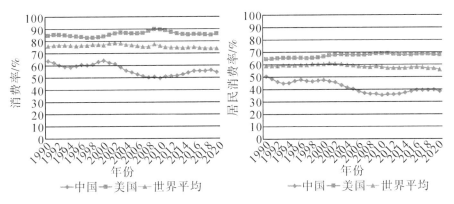

图 6.1　总消费率和居民消费率

注：数据来自 BVD-EIU Countrydata。

与我国消费率低迷形成鲜明对比的是城市对消费的影响越来越大。大城市在为本地居民提供多样化的消费品与服务的同时，也不断吸引更多的人口。虽然学者们从集聚经济、城市规模等角度研究了城市对居民消费的作用，但尚无文献深入研究城市空间形态紧凑性特征对居民消费的影响。图 6.2 展示了城市空间形态紧凑性特征与居民消费的关系。可以看到，随着城市空间形态紧凑性水平的提高，城镇家庭人均消费逐渐增加。

基于上述背景，本章使用城市住户调查数据和卫星拍摄的夜间灯光数据，从城市空间形态紧凑性的视角，研究城市空间形态变化对城镇家庭消费支出的影响。为了解决内生性问题，本章在控制城市和时间固定效应的基础上，基于历史人口增长和地理环境构造潜在的城市空间形态作为实际的城市空间形态的工具变量。本章的主要发现如下：①城市空间形态与城镇家庭消费存在因果关系，市内平均交通距离缩短 1 千米，城镇家庭人均消费增加 3.3%，该影响主要来自食品类和居住类的消费；②城市空间形态对消费的促进效果在不同收入的家庭中存在显著的异质性；③城市空间形态紧凑性水平提升通过提高居民的出行意愿实现对居民消费的刺激作用，居民出行意愿的提高表现为对出租车需求和私家车出行需求的增加；

④空间形态紧凑的城市还通过收入效应促进居民消费。

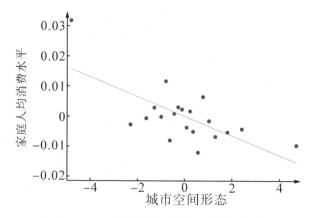

图 6.2　城市空间形态与家庭消费的相关关系

注：①本图基于城市空间形态指标 Cohesion 作出，Cohesion 越大代表城市空间形态越不紧凑。

②使用 Stata 的 binscatter 命令作图。作图思路是将所有样本按城市空间形态变量的大小排序，并等分为 20 组，记各组中城市空间形态变量的中位数为 x_i，记各组中家庭人均消费的平均值为 y_i，图中即为所有（x_i，y_i）的组合。

③本图剔除了城市固定效应、时间固定效应以及城市总面积的影响。

④图形显示，随着城市空间形态紧凑性水平的下降，家庭消费也减少。

本章的贡献主要有三点。第一，本章从城市空间形态紧凑性的角度研究了城市空间特征对家庭消费的影响，为有关消费影响因素的研究提供了新视角。第二，本章验证了城市空间形态的紧凑性是一种消费外部性，为消费城市理论提供了来自中国的证据。第三，本章从市内交通便利性和出行意愿的角度解释了城市空间形态影响消费的机制，这是对消费影响机制的一个有益补充。

本章余下部分的安排为：6.2 节提出研究假说，6.3 节介绍数据和变量，6.4 节介绍实证模型，6.5 节得出实证结果，6.6 节开展机制检验，6.7 节为本章小结。

6.2　研究假说

很多研究关注人口集聚或经济集聚对生产的影响而忽视了其对消费的影响。实际上，大多数消费活动都需要消费者和服务提供者面对面才能完成，紧凑城市因其有更短的市内平均交通距离，为消费活动提供了更有利的外部条件。本章的内容需要参考与消费城市相关的文献，具有代表性的文献是 Glaeser 等（2001）和 Harari（2020）发表的文章。以上文献通过对美国以及印度的研究验证了城市消费外部性的存在。Glaeser 等（2001）提出"生产率溢价+消费外部性溢价 = 租金溢价"的空间均衡方程。如果将生产率溢价用工资来表示（Glaeser 和 Mare，2001），则可以将城市消费外部性定义为租金溢价和工资溢价之差。当城市具有正的消费外部性时，租金溢价大于工资溢价。该研究利用美国 1970 年至 1990 年的住房租金和工资收入数据，发现在人口平均教育水平更高的城市中，租金增长的速度快于工资增长的速度，这说明这些城市生产率水平提高的同时，生活质量有更大幅度的提升。

Harari（2020）在对印度的研究中也发现，紧凑的空间形态为城市居民提供了消费外部性。空间一般均衡模型预测，如果紧凑的城市空间形态会带来消费外部性，那么城市的平均房屋租金会提高，而平均工资会下降。基于印度 1990—2010 年普查数据的实证分析验证了这一结果，紧凑城市中的人们会面临更高的房屋租金和更低的工资收入，但是紧凑的城市仍然能吸引更多的人定居。在空间一般均衡的情况下，各个城市中的居民获得的效用是相同的。因此，紧凑城市提供了一种正的外部性来弥补高房租和低收入带来的损失。Harari（2020）验证了紧凑城市消费外部性的存在，但是并没有指明这种效用的具体来源。Glaeser 等（2001）指出，城市可以提供以下四类消费外部性：多样化的服务和消费品、完善的公共服务、优质的城市环境、便利的交通。其中，消费品和服务是最重要的效用来源。该研究发现，消费场所（如餐厅、商场）更多的城市，人口增长速度也更快。

一些学者还从人口密度角度研究城市空间因素对居民消费的影响，发现较高的人口密度对服务业企业发展和居民服务性消费提高具有重要作用（Schiff，2015；钟粤俊等，2020）。文献中提到的原因主要有以下三点：第一，规模效应。对于企业来说，更高的人口密度意味着更大的潜在市场和更低的边际成本，在其他条件不变的情况下，企业可以获得更高的边际利润。因此，在规模效应的刺激下，企业会扩大生产和增加供给（Duranton 和 Puga，2020）。第二，收入效应。高人口密度的地区也是高收入的地区（Fu 和 Ross，2013），这说明更多的潜在消费需求能转化为有效需求，很多家庭具有更高的消费水平。第三，替代效应。对家庭而言，高收入意味着家务劳动的边际成本上升了，因此家庭会更多地购买消费品、服务产品来代替家庭劳动（Murphy，2018；章元和王驹飞，2019）。

本书使用的城市空间形态指标反映了城市内部平均交通距离这一重要维度。对于面积相同的城市，内部平均交通距离越短意味着城市在形态上更接近圆形。这种圆形布局为供给方和需求方带来好处。对提供商品和服务的商家来说，紧凑城市中的人口居住场所相对集中，居住地和消费场所的距离也相对较近，布局在城市中心的商业能覆盖各个方向上更多的消费者（李兵等，2019）。在消费者群体较大时，针对某一特定商品的需求也会增加，商家将商品或服务售卖给保留价格最高的消费者，从而增加利润并扩大生产。同时，在人口密集的地方，商品或服务供给数量和种类都更多（Berry 和 Waldfogel，2010；Schiff，2015；Waldfogel，2008）。对消费者来说，紧凑城市较短的市内平均交通距离意味着从市内任何一点出发前往各个方向目的地或者城市中心区域都十分便利，这有利于增加人们的出行需求和消费需求。

基于以上分析，本书提出研究假说 6.1：城市空间形态紧凑性水平提高有利于居民消费。

本书从家庭微观视角分析为何紧凑城市对消费有促进作用。人们对城市的需求源于对降低生活成本的需求。从空间距离来讲，紧凑城市有利于人们消费的主要原因是：消费活动需要面对面完成，而更低的出行成本提高了居民的出行意愿。不过，现有文献更多地从交通基础设施建设和城市人口密度等角度开展相关研究。这些都和本书研究的紧凑城市影响消费的途径相关。例如，郭广珍等（2019）从消费的角度研究交通基础设施对经济增长的促进作用。研究发现，道路交通基础设施的建设降低了居民的出行成本，提高了出行意愿并增加了私家车的购买需求。实际上，紧凑城市有利于交通设施的布局，相同面积的道路可以覆盖更多的使用者，这提高了道路的利用效率，能促进地方政府增加交通设施的供给（Carruthers 和 Ulfarsson，2008；Knaap et al.，2001）。刘修岩等（2019）指出，生活在不紧凑城市的市民面临更多舟车劳顿和更低的居住舒适度。这表明紧凑城市中的居民有更高的出行意愿。钟粤俊等（2020）聚焦服务性消费，研究城市人口密度变化对居民消费的影响。该研究指出人口密度提高时，人们会投入更多的时间用于社会交往，城市这种高密度形态通过影响居民的时间利用（增加个体交流、互动的时间）来影响个体对服务消费的需求。

在空间形态紧凑的城市中，各个地点之间的平均距离更短，从任意位置到城市中心的距离也更短，这既方便了人们的日常社交互动，也提高了人们前往消费场所的便利性。因此，紧凑城市可能通过增加居民的面对面交流和出行行为来促进居民消费。基于以上分析，本书提出研究假说6.2：空间形态紧凑的城市有更好的出行便利性，这增加了居民的出行需求和消费机会，从而促进居民消费。

在众多影响消费的因素中，可支配收入占据重要的地位。增加预算约束可以将潜在消费需求转变为有效消费需求。空间形态紧凑的城市更有利于集聚效应的发挥，并表现为更高的生产率溢价和工资溢价（Fallah et al.，2011）。例如，现有研究表明，我国大部分城市内部仍然存在集聚经济效应，城市蔓延会对企业产生不利影响（秦蒙和刘修岩，2015），而城市空间形态紧凑度高能更好发挥集聚经济效应，对生产效率有正向作用（Cervero，2001）。刘修岩等（2019）指出，城市空间形态体现了要素分布特征，空间形态不紧凑的城市削弱了企业间的集聚外部性，造成城市内部的隔离和多中心化，不利于生产效率的提高。本书基于以上分析，提出研究假说6.3：空间形态紧凑的城市通过增加居民可支配收入，从而提升居民消费水平。

接下来，本书将基于以上理论分析，通过建立模型和系数估计来检验研究假说是否成立。

6.3 数据和变量

6.3.1 数据来源

本书采用的微观个体数据为国家统计局发布的中国城镇住户调查数据。中国城镇住户调查覆盖31个省份，调查对象为城市市区和县城关镇区居民委员会行政管理区域内的住户，采用分层抽样的方式获取样本，以家户或者个人作为统计单位。该调查数据通过日记账的方式收集了详细的家庭层面的信息，包括消费总支出、八大类消费支出以及住房、收入等情况。同时，该数据还包含了丰富的家庭成员的信息，如性别、年龄、教育水平、婚姻状况、户口状况、在本地的居住年限、行业和职业类别。

2007年以前，该数据每年更换三分之一的样本；2007年以后，该数据每年更换二分之一的样本。因此，该数据结构为混合截面数据。该数据虽然通过调查的方式获得，但是先采用日记账的方式记录家庭收支等信息，再进行季度或者年度的加总。详细的调查问卷对记忆力和耐心要求较高，而家户及时记账可以保证信息的准确度和精确度，确保数据的质量。

本书使用的是时间跨度为 2002—2009 年的 16 个省份数据，包括 3 个直辖市（北京市、上海市、重庆市）和 13 个省（山西省、辽宁省、黑龙江省、江苏省、安徽省、江西省、山东省、河南省、湖北省、广东省、四川省、云南省、甘肃省）。这些省份分布于我国东北、华北、华东、华南、西北、西南地区，跨域了不同的经济发展水平和地理条件的区域，在地理区位、经济发展水平和消费水平上都具有良好的代表性。

6.3.2 数据匹配

为了研究城镇家庭消费如何受城市空间形态的影响，我们需要将城镇住户调查与城市空间形态数据进行匹配。首先，利用城镇住户调查中的户主身份将家庭层面的消费支出信息与户主个人信息进行一对一匹配；其次，利用家庭所在地区的六位数行政区划代码与本书计算的城市空间形态数据进行多对一匹配。分析城市空间形态在空间和时间上的变化和家庭消费在家庭、地区和时间上的变化，可以厘清城市空间形态与家庭消费的关系。

在回归分析之前，本书对原始数据进行了以下处理。首先，删除了家庭可支配收入、家庭消费支出等主要变量缺失的样本，删除了家庭特征具有明显错误的样本；其次，对主要变量的异常值进行处理；再次，保留户主为男性且年龄为 18~60 岁的家庭样本，保留户主为女性且年龄为 18~55 岁的家庭样本；最后获得 158 021 个城镇家庭样本。

6.3.3 变量与描述性统计

6.3.3.1 家庭消费

国家统计局对家庭消费的定义包含八大项，分别为食品、衣着、家庭设备用品及服务、医疗保健、交通和通信、娱乐教育文化服务、居住、杂项商品和服务。本书数据中的家庭消费即为八大项的总和。家庭消费支出的变量使用消费者价格指数（CPI）以 2009 年为基期进行平减。家庭人均消费为家庭消费与家庭规模的比值。

6.3.3.2 家庭可支配收入

家庭可支配收入是整个家庭可以自由支配的收入，是家庭用于最终消费支出、其他非义务性支出以及储蓄的总和。家庭可支配收入=家庭总收入-个人所得税-个人缴纳的社会保障费用+记账补贴。家庭可支配收入使用 GDP 折算指数以 2009 年为基期进行平减。

6.3.3.3 城市空间形态

为了研究城镇居民与其所居住城市的空间因素的关系，本书需要对城市空间形态进行从图形到数值的量化。参照 Harari（2020）的做法，本书基于夜间灯光数据提取的城市区域二维矢量图形，计算其内部点之间的欧式距离，形成一系列城市空间形态指标。

6.3.3.4 其他控制变量

其他控制变量主要包括家庭特征、户主特征和城市层面的控制变量。抚养比是指没有工作的人口数量与有工作的人口数量之比。户主教育年限由教育水平换算而来。户主的婚姻状况为二值变量，已婚为 1，其他为 0。户主的性别、户籍状况等均为虚拟变量。表 6.1 对主要变量进行了描述性统计。

表 6.1 主要变量的描述性统计

变量	均值	标准差	最小值	最大值
对数人均消费/元	8.897	0.594	4.594	11.370
Cohesion/千米	12.390	8.627	1.752	36.640
户主变量				
年龄	43.370	7.832	18	60
男性占比	0.743	0.437	0	1
教育水平	12.250	2.745	1	19
已婚占比	0.960	0.196	0	1
城镇户口占比	0.981	0.137	0	1
家庭变量				
抚养比	0.432	0.501	0	6
对数家庭可支配收入/元	10.280	0.606	4.717	12.200
城市变量				
对数城市面积/平方千米	5.690	1.248	2.500	8.400
对数城市规模/万人	5.075	0.955	2.791	7.342
对数人均 GDP/元	10.270	0.662	7.259	11.990

注：表 6.1 中各变量的观测值个数均为 158 021。

从家庭特征来看，家庭人均消费均值为 8 665.7 元。家庭可支配收入均值为 34 826.1 元。样本中家庭的平均规模为 3 人，多为三口之家。从户主的个人特征来看，城镇户籍占比为 98.1%，本地户籍占比为 98.6%。男性户主的家庭占所有家庭样本的 74.3%，户主已婚比例为 96%。户主平均受教育水平在高中学历之上。城市特征方面，样本中涉及的城市，平均城市面积为 663.2 平方千米，人均 GDP 为 35 470.7 元/人，平均人口规模为268.1 万。

6.4　实证模型

6.4.1　基准模型

家庭消费水平和消费结构受到自身和外在多种因素的影响。根据现有文献对消费函数的分析，本书在模型中控制了户主特征、家户特征以及城市特征三方面可能影响城镇家庭消费支出的因素。其中，户主特征包括性别、年龄、教育水平、婚姻状况和户籍状况；家户特征包含家庭可支配收入水平、家庭规模；城市特征包括城市面积、人口规模和人均 GDP。

根据研究目的，本书在现有文献对消费函数分析的基础上加入城市空间形态因素，选取家庭的总消费和各分项消费支出作为被解释变量，建立如下模型来考察城市空间形态对消费的影响：

$$\ln C_{h,c,t} = \alpha_0 + \alpha_1 \ln inc_{h,t} + \beta_1 \, \text{shape}_{c,t} + \gamma_1 E_{h,t} + \gamma_2 \, \text{city}_{c,t} + \delta_c + \theta_t + \epsilon_{h,c,t}$$

$$(6.1)$$

其中，下标 h，c，t 分别代表家庭、城市和时间。方程左边为城市 c 家庭 h 在 t 年的消费支出水平。α_0 为截距项，代表家庭在当期没有任何收入时也必须花费的开支。α_1 表示家庭消费的收入弹性。$\text{shape}_{c,t}$ 代表城市空间形态，是本书的核心解释变量。$E_{h,t}$ 代表影响家庭消费的家庭特征和其对应的户主特征。这些变量可以控制影响家庭消费的各类因素。例如，户主年龄可以控制生命周期对消费的影响，户主教育水平可以控制持久性收入对消费的影响，户主单位的所有制性质、工作行业和工作职业可以控制预防性储蓄倾向对消费的影响，家庭人均资产可以控制流动性约束对家庭消费的影响。$\text{city}_{c,t}$ 代表城市层面的宏观变量。δ_c、θ_t 分别为城市和年份固定效应，$\epsilon_{h,c,t}$ 为误差项。

6.4.2　内生性问题

在分析城市空间形态对居民消费影响的时候，使用 OLS 估计城市空间形态系数可能有偏，导致其有偏的内生性问题主要有以下三种：①遗漏变量。这是各个城市不可避免的地区异质性造成的。虽然式（6.1）中分离出经济发展水平、城市规模等特征的影响，并使用城市固定效应控制了城市不随时间变化的个体特征，但是误差项中仍然包含可能同时影响家庭消费支出和城市空间形态形成的因素。例如，交通基础设施建设会显著影响城市空间布局。一些文献表明，城市空间形态紧凑度下降并非政府干预经济的后果，而是市场力量带来的结果（Brueckner，2020；Wheaton，1974）。交通设施的完善、家用轿车的普及都会导致城市低密度扩张，从而损害城市空间形态的紧凑性（Glaeser 和 Khan，2004）。而政府对交通基础建设的投资可能带来"消费效应"，完善的道路网络提高了出行便利性，增加了居民对家用轿车的需求，从而改变消费结构，刺激居民消费（郭广珍等，2019）。②逆向因果。一般来说，单个家庭的消费行为不会影响整个城市的空间形态特征，但是城市层面较高的消费率可能通过促进生产达到推动经济增长的目的，继而影响整个城市的空间布局。③选择效应。技术水平高和受教育水平高的劳动力更倾向于居住在大城市（Lee，2010）。此外，紧凑城市所提供的消费外部性也对人才有很大的吸引力（Harari，2020；刘修岩等，2019）。这意味着消费水平较高的人才可能会选择定居在空间形态紧凑的城市，从而使城市紧凑性与家庭消费水平正相关。为了处理以上内生性问题，本书利用 4.4.2 节中构造的理想状态下的城市空间形态作为实际的城市空间形态的工具变量来进行方程的估计。

6.5　实证结果

6.5.1　城市空间形态与城镇家庭消费

本部分首先利用普通最小二乘法检验城市空间形态与城镇居民家庭消费之间的关系。表 6.2 是基准回归结果。其中，被解释变量为对数城镇居民家庭人均消费，城市空间形态为 Cohesion 指标，该指标由城市空间内部任意两点间欧式距离取平均值得到。Cohesion 数值越小，说明城市空间形态紧凑性水平越高。表 6.2 的所有列都控制了城市的固定效应和时间的固定效应。在未控制家庭、个人及城市特征前，第（1）列的结果表明，城市空间形态变量为正且不显著。第（2）列控制了家庭特征，第（3）列进一步控制了户主特征，Cohesion 的系数为负，接近 10% 的显著性。第（4）列进一步控制了城市总面积、人口规模和经济水平，Cohesion 系数为 -0.007 且在 1% 的水平上显著。从第（4）列可以初步看出，随着城市空间紧凑水平降低，家庭人均消费将会减少，即提高城市空间形态紧凑性水平有利于增加城镇家庭消费。从变量代表的经济含义上讲，Cohesion 衡量了市内平均交通距离。基准结果表明，市内平均交通距离每缩短 1 千米，城镇居民家庭人均消费就会提高 0.7%。此外，考虑到所处同一个城市空间，家庭的消费行为会受彼此的影响，因此本书估计的标准误都在城市层面进行了聚类（Cluster）调整。

表 6.2　城市空间形态对家庭消费的影响：基准回归

被解释变量	（1）	（2）	（3）	（4）
	对数人均消费			
Cohesion	0.001	-0.003	-0.003	-0.007^{***}
	（0.003）	（0.002）	（0.002）	（0.002）
对数家庭可支配收入		0.636^{***}	0.624^{***}	0.624^{***}
		（0.008）	（0.008）	（0.008）
抚养比		-0.124^{***}	-0.117^{***}	-0.117^{***}
		（0.004）	（0.004）	（0.004）
年龄			0.013^{***}	0.013^{***}
			（0.003）	（0.003）
年龄的平方			-0.000^{***}	-0.000^{***}
			（0.000）	（0.000）
男性			-0.034^{***}	-0.033^{***}
			（0.004）	（0.004）
教育水平			0.018^{***}	0.018^{***}
			（0.001）	（0.001）
已婚			-0.306^{***}	-0.306^{***}
			（0.016）	（0.016）
城镇户籍			0.069^{***}	0.069^{***}
			（0.010）	（0.010）
对数城市面积				0.046^{**}
				（0.019）

表6.2(续)

被解释变量	（1）	（2）	（3）	（4）
	对数人均消费			
对数城市人口规模				0.005
				（0.020）
对数人均GDP				0.013
				（0.014）
城市固定效应	控制	控制	控制	控制
年份固定效应	控制	控制	控制	控制
样本个数	158 021	158 021	158 021	158 021
调整的 R^2	0.205	0.561	0.579	0.579

注：①表中所有列都包含截距项。

②括号内的数值为聚类在城市层面的稳健标准误。

③*、**、*** 分别代表在10%、5%和1%的水平上显著。

从各控制变量的情况来看，大多数控制变量的系数在（1）~（3）列是稳定并且显著的。家庭可支配收入对消费有正向的影响，与理论预期相符。从数值上看，家庭可支配收入增加会促使家庭人均消费的增加。家庭结构对人均消费有显著的影响，抚养比提高会显著降低家庭中每个成员的消费，这和现有文献的结论类似（杨碧云等，2014）。同时，从回归结果可以看出，户主的年龄与家庭人均消费之间存在倒U形关系。户主为女性的家庭，人均消费会更高。已婚户主的家庭人均消费水平更低，因为婚姻代表家庭规模发生改变，家庭规模的扩大可能导致每个家庭成员消费的减少。另外，教育水平和城镇户籍对家庭消费的影响为正。与现有文献一致，本书的回归结果也表明，大城市的家庭具有更高的人均消费水平。

6.5.2　工具变量回归

本书的模型产生内生性主要是因为：城市空间形态与模型无法观测的城市层面的特征相关。为了处理遗漏变量引起的内生性问题，本书选用外生性较强的地形特征和历史人口增长构造工具变量，并使用两阶段最小二乘法进行估计。现有文献在估计城市空间因素对家庭消费影响时，通常使用历史人口规模或地形地势特征作为工具变量。历史上的人口和地理坡度等变量具有良好的外生性和相关性，但这些变量通常在时间上不具有变异性，因此在两阶段估计时无法直接使用。

模型的内生变量——城市空间形态的数据结构为面板数据，借鉴 Harari（2020）的做法，本书构造了在城市和时间维度上都存在变异的工具变量来估计城市空间形态对家庭消费的影响。构造方式上，首先绘制基于以下两个标准的城市扩张过程图像：①城市人口密度保持 1990 年不变；②城市人口规模按照 1953—1990 年的城市人口平均增长率增长。其次基于城市可开发土地范围进一步确认潜在的城市区域，可开发土地需要满足以下三个条件：①坡度小于 15 百分比坡度；②位于城市行政区划范围内；③排除水域。最后，基于潜在的城市区域计算潜在的城市空间形态指标，记为 Cohesion_potential。该变量的具体构造过程在 4.4.2 节有详细阐述。

表 6.3 的第（2）列报告了两阶段最小二乘估计的第一阶段估计结果。可以看出，潜在的城市空间形态与实际的城市空间形态显著正相关。弱工具变量检验报告的 F 值为 25.855，排除了模型存在弱工具变量的问题。

表 6.3 第（1）列给出了采用工具变量的两阶段最小二乘估计结果。结果显示，在使用了工具变量之后，Cohesion 系数为 -0.033 且在 5% 水平下显著。相比于表 6.2 第（4）列 OLS 估计结果，2SLS 估计结果的系数明显增大。通过分析可以发现，实际的城市空间形态可能和误差项负相关，从而导致直接使用 OLS 估计低估了城市空间形态对家庭消费的影响。例如，规划、建设和治理水平较高的城市，城市空间形态更为有序和紧凑，而这样的城市也更容易吸引高消费群体定居。类似地，在土地混合利用水平较高的城市，购物中心布局越合理，更容易吸引居民消费。而城市治理能力和城市内部的土地利用情况难以被观测和量化，包含在误差项中，使得 OLS 估计有偏。另外，相比于表 6.2 中第（4）列 OLS 估计结果，2SLS 估计结果的系数的显著性降低，这是因为两阶段最小二乘估计量估计的是局部效应的结果。总的来说，表 6.3 第（1）列的结果可以解释为城市空间形态与家庭消费的因果关系，城市空间形态紧凑性水平上升能显著促进家庭消费。平均而言，市内平均交通距离缩短 1 千米，城镇居民家庭人均消费增加 3.3%。

城镇住户调查数据中有详细的关于消费分项的记录。总消费被分为食品、衣着、家庭设备用品及服务、医疗保健、交通和通信、娱乐教育文化服务、居住、杂项商品和服务八大项。本书进一步使用 Tobit 模型对消费分项数据进行回归，并使用工具变量法解决内生性问题，探究城市空间形态为何能够影响家庭消费。

表 6.3　城市空间形态对家庭消费的影响：工具变量回归

被解释变量	（1） 工具变量回归 对数人均消费	（2） 第一阶段回归 Cohesion
Cohesion	−0.033 ** （0.015）	
Cohesion potential		1.186 *** （0.233）
对数家庭可支配收入	0.624 *** （0.008）	−0.008 （0.011）
对数城市面积	0.227 ** （0.113）	7.048 *** （0.630）
其他控制变量	控制	控制
城市固定效应	控制	控制
年份固定效应	控制	控制
样本个数	158 021	158 021
调整的 R^2	0.467	0.989
F 值	25.855	—

注：①表 6.3 中所有列都包含截距项。

②其他控制变量和基准回归一致，包括家庭结构、户主年龄、年龄的平方、户主性别、教育水平、婚姻状况和户籍状况、城市人口规模、对数人均 GDP。

③括号内为聚类在城市层面的稳健标准误。

④ *、**、*** 分别代表在 10%、5% 和 1% 的水平上显著。

表 6.4 是使用工具变量后的回归结果。从回归结果可以看出，城市空间形态紧凑度的提升能够显著影响食品消费支出和住房消费支出，而对衣着、家庭设备用品及服务、医疗保健、交通和通信、娱乐教育文化服务以及杂项商品和服务支出没有显著影响。其中，Cohesion 缩短 1 千米，家庭人均食品支出会增加 3.8%，居住支出会增加 15.8%。食品是需要频繁获取的一类消费品，在 2009 年以前，网络购物还未普及，居民购买食品的方式主要是线下购物。而紧凑的城市空间形态可能通过缩短出行路程，减少购买途中的交通成本，增加了外出购物或就餐的机会。居住大项又分为住房、水电燃气费等、居住服务费（物业管理费等）。表 6-4 的结果说明，紧凑的城市空间形态能够提供更为完善的交通基础设施，为人们的居住环境提供了正的外部性，因此紧凑的城市往往有更高的房价和物业管理费用。

表 6.4 城市空间形态对不同消费项目的影响

Panel A 被解释变量:	(1) 食品	(2) 衣着	(3) 家庭设备用品及服务	(4) 医疗保健
Cohesion	−0.038***	−0.024	0.031	−0.058
	(0.011)	(0.020)	(0.046)	(0.044)
对数城市面积	0.247***	0.145	−0.180	0.461
	(0.083)	(0.149)	(0.356)	(0.332)
Panel B 被解释变量:	(1) 交通和通信	(2) 娱乐教育文化服务	(3) 居住	(4) 杂项商品和服务
Cohesion	−0.039	0.023	−0.158**	−0.006
	(0.031)	(0.052)	(0.070)	(0.050)
对数城市面积	0.270	−0.100	1.086**	0.023
	(0.232)	(0.402)	(0.545)	(0.361)
Panel B 被解释变量:	(1) 交通和通信	(2) 娱乐教育文化服务	(3) 居住	(4) 杂项商品和服务
其他控制变量	控制	控制	控制	控制
城市固定效应	控制	控制	控制	控制
年份固定效应	控制	控制	控制	控制
样本个数	158 021	158 021	158 021	158 021

注：①表中使用 IV-Tobit 进行回归。

②其他控制变量和基准回归一致，包括家庭结构、户主年龄、年龄的平方、户主性别、教育水平、婚姻状况和户籍状况、城市人口规模、对数人均 GDP。

③括号内的数值为聚类在城市层面的稳健标准误。

④*、**、*** 分别代表在 10%、5% 和 1% 的水平上显著。

6.5.3 稳健性检验

6.5.3.1 调整样本

现有文献表明，本地人口和流动人口在消费需求上存在显著差异。为了排除这一影响，本书仅保留本地家庭样本进行回归，表 6.5 的第（1）列和第（2）列给出了该结果。同时，是否有自有住房以及住房数量都会影响家庭消费决策（孙伟增等，2020）。没有住房的家庭可能会为买房增加储蓄，从而减少当期日常消费。为排除住房因素对消费的影响，本书根据是否有产权住房分对样本进行分组。根据数据收集中对房屋产权的问题，本书将拥有"原有私房""房改私房""商品房"三类产权的家庭视为有自住房的家庭，其余则为没有自住房的家庭。本书仅保留拥有私有产权房屋的样本进行回归，表6.5的第（3）列和第（4）列给出了该结果。

表6.5给出了OLS的估计结果和IV的估计结果。IV的估计结果显示，只保留本地样本的回归中Cohesion的系数为−0.032，且在5%的水平上显著，而去除掉没有产权住房的样本后，Cohesion系数为−0.034，也在5%水平上显著，系数大小和方向和基准结果相似。这表明，样本的调整不影响城市空间形态对居民消费的影响。

表6.5　稳健性检验：考虑流动人口和住房因素的影响

被解释变量	（1） OLS	（2） IV	（3） OLS	（4） IV
	只保留本地人口		有私有产权房屋	
	对数人均消费			
Cohesion	−0.007***	−0.032**	−0.006**	−0.034**
	（0.002）	（0.015）	（0.002）	（0.017）
对数城市面积	0.044**	0.219**	0.038**	0.230*
	（0.019）	（0.109）	（0.019）	（0.126）
对数家庭可支配收入	0.625***	0.625***	0.618***	0.618***
	（0.008）	（0.008）	（0.008）	（0.008）
其他控制变量	控制	控制	控制	控制
城市固定效应	控制	控制	控制	控制
年份固定效应	控制	控制	控制	控制
样本个数	153 779	153 779	135 914	135 914
调整的 R^2	0.578	0.466	0.566	0.454
F 值	—	26.102	—	23.688

注：①表6.5中所有列都包含截距项。

②其他控制变量和基准回归一致，包括家庭结构、户主年龄、年龄的平方、户主性别、教育水平、婚姻状况和户籍状况、城市人口规模、对数人均GDP。

③括号内为聚类在城市层面的稳健标准误。

④*、**、***分别代表在10%、5%和1%的水平上显著。

6.5.3.2　变换城市空间形态的测量指标

为了检验结果的稳健性，本书使用其他城市空间形态指标重新进行回归。Proximity代表城市内部任意一个内点到城市中心距离的平均值，可以反映居住地到城市中央商务区的平均交通距离。Spin代表城市内部任意一个内点到城市中心距离平方的平均值，Spin 赋予城市边缘的点更大的权重，放大城市空间形态紧凑度的差异。Range 代表城市边缘上两点距离的最大值，反映的是城市延伸的最远距离。Proximity、Spin 和 Range 和城市空间形态紧凑性水平负相关，这些变量的数值越小，说明城市空间形态越紧凑。

表 6.6 给出了更换城市空间形态指标后的回归结果。其中，第（1）、（3）、（5）列给出了 OLS 的结果，第（2）、（4）、（6）列给出了 IV 的结果。从 IV 的结果来看，除第（6）列 Range 系数为负但是不显著外，Proximity 和 Spin 的系数都在 5% 的水平上显著。Proximity 的系数和 Cohesion 比较相似，城市内部距离城市中心平均距离缩短 1 千米，家庭人均消费增加 4.5%。而 Spin 由于本身的数值较大，经济显著性相对较低。更换度量指标的稳健性检验仍然支持城市空间形态紧凑度对家庭消费的积极影响。

表 6.6　稳健性检验：更换空间形态指标

被解释变量	（1）OLS	（2）IV	（3）OLS	（4）IV	（5）OLS	（6）IV
	对数人均消费					
Proximity	-0.009^{***}	-0.045^{**}				
	(0.003)	(0.019)				
Spin			-0.000^{***}	-0.001^{**}		
			(0.000)	(0.000)		
Range					-0.000	-0.021
					(0.001)	(0.015)
对数城市面积	0.045^{**}	0.230^{**}	0.029^{*}	0.108^{*}	0.008	0.429
	(0.020)	(0.108)	(0.015)	(0.058)	(0.017)	(0.312)
对数家庭可支配收入	0.624^{***}	0.624^{***}	0.624^{***}	0.624^{***}	0.624^{***}	0.624^{***}
	(0.008)	(0.008)	(0.008)	(0.008)	(0.008)	(0.008)
其他控制变量	控制	控制	控制	控制	控制	控制
城市固定效应	控制	控制	控制	控制	控制	控制
年份固定效应	控制	控制	控制	控制	控制	控制
样本个数	158 021	158 021	158 021	158 021	158 021	158 021
调整的 R^2	0.579	0.467	0.579	0.468	0.579	0.451
F 值	—	30.300	—	24.351	—	4.276

注：①城市空间形态变量都是基于灯光阈值为 35 的城市区域计算的指标。
②所有列都包含截距项。
③其他控制变量和基准回归一致，包括家庭结构、户主年龄、年龄的平方、户主性别、教育水平、婚姻状况和户籍状况、城市人口规模、对数人均 GDP。
④括号内的数值为聚类在城市层面的稳健标准误。
⑤*、**、*** 分别代表在 10%、5% 和 1% 的水平上显著。

6.5.3.3　变换固定效应

家庭消费决策和城市空间形态可能同时受到城市交通基础设施建设（如道路建设）的影响。本书在式（6.1）中加入省份与时间的交互项来控制地区和时间层面的固定效应，重新估计城市空间形态对家庭消费的影响。表6.7第（3）～（5）列给出了该结果，第（1）列和第（2）列仍然只控制城市固定效应和时间固定效应。另外，本书还将标准误聚类到三个不同层次（城市、城市-时间和省份）来检验城市空间形态对家庭消费影响的稳健性。仅控制城市和时间固定效应，并将标准误聚类到城市层面就是本书的基准结果［见表6.3第（1）列］。表6.7中所有列均为使用工具变量回归的估计结果。结果显示，增加"省份×时间固定效应"，或者改变标准误聚类层次都不影响结果的稳健性。

表6.7　稳健性检验：改变模型固定效应和聚类方式

	（1）	（2）	（3）	（4）	（5）
	对数人均消费				
Cohesion	−0.033***	−0.033*	−0.026**	−0.026***	−0.026
	（0.010）	（0.016）	（0.012）	（0.008）	（0.016）
对数城市面积	0.227***	0.227*	0.172**	0.172***	0.172
	（0.072）	（0.123）	（0.086）	（0.055）	（0.114）
对数家庭可支配收入	0.624***	0.624***	0.622***	0.622***	0.622***
	（0.006）	（0.016）	（0.008）	（0.006）	（0.016）
其他控制变量	控制	控制	控制	控制	控制
城市固定效应	控制	控制	控制	控制	控制
年份固定效应	控制	控制	控制	控制	控制
省份×时间固定效应	不控制	不控制	控制	控制	控制
聚类（Cluster）	城市-时间	省份	城市	城市-时间	省份
样本个数	158 021	158 021	158 021	158 021	158 021
调整的 R^2	0.467	0.467	0.466	0.466	0.466
F 值	52.098	33.350	23.114	59.927	34.740

注：①表中通过改变固定效应（增加"省份×时间的固定效应"）和将标准误聚类到不同层次（城市、城市-时间和省份）来检验结果的稳健性，所有列都为工具变量估计的结果。

②所有列都包含截距项。

③其他控制变量和基准回归一致，包括家庭结构、户主年龄、年龄的平方、户主性别、教育水平、婚姻状况和户籍状况、城市人口规模、对数人均GDP。

④*、**、***分别代表在10%、5%和1%的水平上显著。

6.5.3.4　增加控制变量

表6.8通过增加控制变量来检验估计结果的稳健性。本书在第（1）和第（2）列中加入了家庭的存款数量，以控制家庭金融资产对消费的影响。本书在第（3）和第（4）列中加入了更多户主工作特征的变量，包括工作单位是否为国有企业、行业变量和职业变量等。行业变量和职业变量为一系列虚拟变量，在表6.8中没有一一罗列。表6.8给出了OLS和IV的估计结果。结果显示，户主为国企员工的家庭人均消费较高，而存款数量对消费没有影响。增加更多变量几乎没有改变紧凑城市空间形态具有消费促进效应的大小和显著性，说明了基准结果较为稳健和可信。

表6.8　稳健性检验：增加个人和家庭控制变量

被解释变量	（1）OLS	（2）IV	（3）OLS	（4）IV
	对数人均消费			
Cohesion	-0.008^{***}	-0.038^{***}	-0.008^{***}	-0.039^{***}
	(0.002)	(0.014)	(0.002)	(0.015)
对数城市面积	0.046^{**}	0.263^{**}	0.049^{**}	0.273^{**}
	(0.021)	(0.114)	(0.021)	(0.118)
对数家庭可支配收入	0.644^{***}	0.644^{***}	0.636^{***}	0.636^{***}
	(0.009)	(0.009)	(0.009)	(0.009)
0~18岁人口占比	-0.333^{***}	-0.333^{***}	-0.331^{***}	-0.331^{***}
	(0.020)	(0.020)	(0.020)	(0.020)
65岁以上人口占比	-1.039^{***}	-1.041^{***}	-1.031^{***}	-1.033^{***}
	(0.025)	(0.025)	(0.024)	(0.024)
对数存款	0.001	0.001	0.000	0.001
	(0.002)	(0.002)	(0.002)	(0.002)
是否为国企员工	—	—	0.035^{***}	0.035^{***}
	—	—	(0.004)	(0.005)
行业变量	未控制	未控制	控制	控制
职业变量	未控制	未控制	控制	控制
其他控制变量	控制	控制	控制	控制
城市固定效应	控制	控制	控制	控制
年份固定效应	控制	控制	控制	控制
样本个数	137 690	137 690	137 690	137 690
调整的 R^2	0.599	0.497	0.601	0.499

表6.8(续)

被解释变量	(1) OLS	(2) IV	(3) OLS	(4) IV
	对数人均消费			
F 值	—	26.769	—	26.577

注：①第（1）列和第（2）列将抚养比替换为0~18岁人口占比和65岁以上人口占比，并增加存款数量以控制家庭金融资产。

②第（3）列和第（4）列增加户主的工作单位性质、行业和职业作为控制变量，行业变量和职业变量为一系列虚拟变量，没有在表中展示。

③其他控制变量和基准回归一致，包括户主年龄、年龄的平方、户主性别、教育水平、婚姻状况和户籍状况、城市人口规模、对数人均GDP。

④括号内的数值是聚类在城市层面的标准误。

⑤ *、**、*** 分别代表在10%、5%和1%的水平上显著。

6.5.3.5 考虑家庭消费习惯的影响

本书在以上的分析中并没有涉及家庭偏好和消费习惯的讨论。对结果稳健性的担忧是家庭消费支出可能受到家庭异质性的影响。实际上，一些文献也强调不随时间变化的家庭特征，如家庭消费习惯可能同时决定了家庭对居住地的选择和家庭的消费支出。因此，本书借鉴 Gan（2010）、李树和于文超（2020）的研究设计，通过差分方程评估城市空间形态对城镇家庭消费的影响。

需要注意的是，城镇住户调查每年更换三分之一的样本，每三年全部样本更替完成。也就是说，一个家庭样本最多只会被观察到三次。在本书使用的基准回归的样本中，2002年第一次受访且在2004年仍然有记录的有6 672个家庭；在2003年第一次受访且在2005年成功追访的有2591个家庭；在2004年第一次受访且在2006年仍然有记录的有2 670个家庭。在城镇住户调查中，仅有2002—2006年的家庭编码在不同年份之间具有可比性，因此本书只使用了这部分样本。同时，由于该方法会损失较多的观测样本，本书在基准回归中没有使用该方法，而将其放在了稳健性检验中。

在之前的研究中，本书将家庭层面的数据作为混合截面数据进行估计。为了控制家庭层面的固定效应，本书通过清理数据筛选出11 933个家庭并组成面板数据，然后使用差分方程进行回归。新的面板数据只包含连续三年被记录的样本。同时，为了消费主体和消费习惯的稳定，本书剔除了少量居住地和户主发生变化的家庭样本。本书基于家庭首次受访时间将家庭分为三组，回归方程还控制了家庭组别的固定效应。

回归结果如表6.9所示。第（1）列给出了普通最小二乘法的估计结果，城市空间形态的系数为-0.006，在5%的水平上显著。第（2）列给出了两阶段最小二乘法的估计结果，系数为-0.015，系数的绝对值有所扩大但显著性水平有所降低。虽然使用工具变量估计的结果仅在10%的水平上显著，但其能解释城市空间形态与家庭消费的因果关系。结果显示，在控制了家庭消费习惯等不随时间变化的家庭异质性后，仍能观察到城市空间形态紧凑性水平提高对城镇居民消费的促进作用。

表6.9　稳健性检验：使用家庭面板数据

被解释变量	（1） OLS	（2） IV
	Δ对数人均消费	
ΔCohesion	−0.006**	−0.015*
	（0.003）	（0.008）
Δ对数家庭可支配收入	0.476***	0.476***
	（0.013）	（0.013）
Δ对数城市面积	0.016	0.057
	（0.021）	（0.041）
其他的控制变量	控制	控制
家庭组别固定效应	控制	控制
样本个数	11 933	11 933
调整的 R^2	0.147	0.145
F 值	—	1833.024

注：①表6.9将样本严格限制在有三年观测样本、且居住地和户主不发生变化的家庭中。
②户主的年龄、性别、户籍状况、教育水平不随时间变化，因此不包含在模型当中。
③所有列都包含截距项。
④括号内汇报了聚类在城市层面的标准误。
⑤*、**、*** 分别代表在10%、5%和1%的水平上显著。

6.5.4　异质性分析

不同家庭特征和户主个人特征决定了家庭消费模式的差异，这导致城市空间形态的消费促进效应存在异质性。第一，家庭收入。本书将样本按照家庭收入水平等分为3组，生成若干虚拟变量并将城市空间形态与收入分组的交互项添加到回归方程中，回归结果如表6.10所示。对于中等收入和高收入的家庭来说，城市空间形态对其家庭消费的影响更小。这可能是因为高收入家庭对城市空间形态不紧凑带来的出行成本上升不敏感。第二，户主年龄。本书将样本按照户主年龄均分为3组，并将城市空间形态与年龄分组变量生成的交互项引入方程中，表6.11给出了该回归结果。对户主为中年人的家庭来讲，城市空间形态变化对其影响更强。随着形态紧凑度降低，户主为中年人的家庭会更大幅度地降低人均消费水平。这是因为，中年户主有更多的出行需求，对交通便利性的要求较高，更容易受到不紧凑的城市空间形态的影响。

表6.10 异质性分析：家庭收入

被解释变量	（1）OLS	（2）IV
	对数人均消费	
Cohesion	−0.011 ***	−0.040 **
	（0.003）	（0.019）
Cohesion×中等收入	0.004	0.005 *
	（0.003）	（0.003）
Cohesion×高收入	0.006 **	0.007 **
	（0.002）	（0.003）
中等收入	0.382 ***	0.369 ***
	（0.022）	（0.028）
高收入	0.650 ***	0.627 ***
	（0.021）	（0.030）
对数城市面积	−0.011 ***	−0.040 **
	（0.003）	（0.019）
其他控制变量	控制	控制
城市固定效应	控制	控制
年份固定效应	控制	控制
样本个数	158 021	158 021
调整的 R^2	0.488	0.353
F 值	—	8.307

注：①为了检验城市空间形态和家庭收入的交互相应，将样本依据家庭收入分为3组，使用收入分组变量替代原来的对数家庭可支配收入连续变量，在回归方程中加入城市空间形态和收入分组的交互项。

②其他控制变量和基准回归一致，包括家庭结构、户主年龄、年龄的平方、户主性别、教育水平、婚姻状况和户籍状况、城市土地面积、城市人口规模、对数人均GDP。

③括号内的数值是聚类在城市层面的标准误。

④ *、**、*** 分别代表在10%、5%和1%的水平上显著。

表 6.11　异质性分析：户主年龄

被解释变量	（1） OLS	（2） IV
	对数人均消费	
Cohesion	−0.007 **	−0.030
	（0.003）	（0.020）
Cohesion×年轻户主	−0.001	−0.001
	（0.001）	（0.001）
Cohesion×中年户主	−0.002 ***	−0.002 **
	（0.001）	（0.001）
年轻户主	−0.064 ***	−0.064 ***
	（0.015）	（0.018）
中年户主	−0.024 **	−0.025 **
	（0.009）	（0.011）
对数城市面积	0.098 ***	0.253 *
	（0.030）	（0.149）
其他控制变量	控制	控制
城市固定效应	控制	控制
年份固定效应	控制	控制
样本个数	158 021	158 021
调整的 R^2	0.467	0.467
F 值	25.855	52.098

注：①为了检验城市空间形态和户主年龄的交互相应，将样本依据户主年龄分为 3 组，代替年龄变量，在回归方程中加入城市空间形态和年龄分组的交互项。

②其他控制变量和基准结果一致，包括家庭可支配收入、家庭结构、户主性别、教育水平、婚姻状况和户籍状况、城市人口规模、对数人均 GDP。

③括号内的数值是聚类在城市层面的标准误。

④ *、**、*** 分别代表在 10%、5% 和 1% 的水平上显著。

6.6　机制分析

本节将进一步验证城市空间形态发挥作用的机制。根据研究假说 6.2 和研究假说 6.3，本书将验证空间形态紧凑度高的城市是否通过增强交通便利性和收入效应影响城镇居民的消费支出。

6.6.1 交通便利性与消费行为

城市的存在降低了商品交易成本，人们对城市居住的需求正是源于对降低生活成本的需求（Glaeser，1998）。交通成本是城市居民生活的关键成本，本书首先验证城市空间形态是否会影响居民的出行行为。出行决策最终会反映在交通类的支出上，虽然城市住户调查数据没有直接对城镇居民出行频率和出行意愿进行统计，但是本书也可以使用反映出行结果的交通支出水平开展机制分析。本书将家庭自有交通工具的使用费用与市内交通费相加，得到衡量城镇家庭在城市内部出行的消费支出。家庭自有交通工具的使用费包括：车辆燃油费、配件费、维修费、车辆使用费等，可以反映乘坐自家交通工具的出行行为。市内交通费包括市内公共交通费、出租汽车费和其他交通费，用于反映依赖于公共交通工具的出行行为。家庭消费支出表中还记录了乘坐飞机、火车、长途汽车等交通工具的交通费用。但以上交通工具反映的是跨地区的出行活动，因此不包含在本书所研究的市内出行交通支出当中。在分析城市空间形态对居民出行行为的影响时，本书使用交通消费支出对城市空间形态进行回归分析。回归方程除控制户主个人特征、家庭特征和城市层面的特征外，还控制了家庭拥有的交通工具的虚拟变量以分离家庭自有交通工具对家庭出行决策的影响。

表 6.12 给出了城市空间形态影响交通支出的工具变量的回归结果。第（1）列结果显示，在控制了家庭、个人以及城市特征后，城市空间形态系数为负，且在 5% 的水平上显著。这表明，随着城市空间形态紧凑性水平降低，家庭在交通消费上的支出减少。家庭自有交通工具对交通支出有不同的影响。摩托车的使用会增加燃油成本，因此在有摩托车的家庭，交通支出费更高。自行车的使用几乎没有成本，并且使用自行车出行可以减少其他付费交通工具的使用，因此在拥有自行车的家庭，交通支出费更低。城市面积的系数为正且符合预期，这表明，随着城市面积的扩大，较长的市内交通距离会增加家庭的交通支出。

表 6.12 城市空间形态与交通出行

被解释变量	(1) 市内交通总支出	(2) 公交车费	(3) 出租车费	(4) 燃油费等
Cohesion	−0.142**	−0.010	−0.192**	−0.036*
	(0.060)	(0.049)	(0.084)	(0.021)
摩托车	0.476***	−0.256***	−0.206***	1.665***
	(0.023)	(0.017)	(0.016)	(0.033)
自行车	−0.093***	−0.028	−0.016	−0.048***
	(0.021)	(0.024)	(0.025)	(0.016)
助力自行车	0.030	−0.107***	0.053**	0.241***
	(0.020)	(0.019)	(0.021)	(0.026)
家用汽车	0.090	−0.781***	−0.574***	1.688***
	(0.057)	(0.039)	(0.042)	(0.131)
对数城市面积	0.954**	0.032	1.271*	0.202
	(0.470)	(0.371)	(0.661)	(0.156)
其他控制变量	控制	控制	控制	控制
城市固定效应	控制	控制	控制	控制
年份固定效应	控制	控制	控制	控制
样本个数	135 714	135 714	135 714	135 714
调整的 R^2	0.137	0.060	0.142	0.215
F 值	36.124	36.124	36.124	36.124

注：①检验了城市空间形态与居民交通支出的关系，被解释变量为对数形式。所有列给出的都是使用潜在的城市空间形态作为实际的城市空间形态工具变量的实证结果。

②其他控制变量和基准结果一致，包括对数家庭可支配收入、家庭结构、户主性别、教育水平、婚姻状况和户籍状况、城市人口规模、对数人均 GDP。

③括号内的数值是聚类在城市层面的标准误。

④*、**、*** 分别代表在 10%、5% 和 1% 的水平上显著。

第一，从表 6.12 第（1）列中可以看出，城市空间形态紧凑性水平提高会导致家庭交通支出增加，这可能是因为每次出行交通距离的增加，也是因为来自出行频率的增加。在本书中，城市空间形态紧凑性水平提高本身就意味着市内平均交通距离越短，排除了第一种可能性。因此，在紧凑性水平较高（市内平均交通距离较短）的城市中，家庭用于交通方面的消费支出反而增加的现象，可以理解为城市空间形态紧凑性水平与市民的出行频率同步提高。

第二，虽然空间形态紧凑的城市有更短的平均交通距离，但紧凑的城市可能更加拥挤，从而通过增加堵车时间和燃油费，提高了单次交通出行的成本，增加了家庭的交通支出。本书进一步通过数据检验紧凑的城市是否更加拥堵这一问题。家庭交通支出表单独给出了家庭用于乘坐公共交通的支出和搭乘出租车的支出。如果紧凑城市主要表现为拥挤效应的假设成立，那么城市空间形态紧凑性的提高会增加居民对公共交通工具的使用；如果紧凑城市出行便捷水平更高的假设成立，那么城市空间形态紧凑性的提高会增加居民对机动性更强的出租车和家用轿车的使用。

从表6.12第（2）列可以看出，城市空间形态系数为负，但不显著。这表明，城市空间形态紧凑性水平提高，并没有增加对市内公共交通工具的使用，城市空间形态紧凑度的提高没有带来明显的拥挤效应。而第（3）和第（4）列表明，随着空间形态紧凑性水平的提升，家庭用于乘坐出租车的支出和家用汽车燃油费的支出增加，系数分别在5%和10%的水平上显著。因此紧凑城市中的家庭有更高的交通支出，即紧凑城市缩短了人们的出行距离，增强了人们的出行意愿。

那么，在城镇居民的出行行为中有多少与消费有关呢？在本书研究的时间区间（2002—2009年），接触到网络购物的人并不多，大多数的消费活动仍然是以线下的形式开展。因此，购物往返路上的交通便利性会通过影响居民出行意愿，在很大程度上影响居民的消费需求。

在电商企业掀起网购浪潮之后，很多消费者倾向于足不出户，在线上渠道购买商品。近年来，随着外卖行业的飞速发展，送餐到家等方式，也减少了部分消费者外出就餐的出行需求。发达的互联网和便捷的外卖服务似乎使得城市空间形态与家庭消费的联系不那么紧密，但事实并非如此。一方面，外出购物与饮食已经成为一种普遍的休闲和娱乐方式；另一方面，城市空间形态对快递外卖等行业成本的影响，也会最终影响消费者的支付价格。

根据最新发布的《2020年度中国城市交通报告》，"2020年商务住宅、购物、餐饮类目的地的出行热度同比有所上升，其中购物、餐饮相关目的地的出行需求合计占比达16.61%，同比提升4.8%。在购物类出行目的地中，大型商场的出行需求占比最高达32.71%"。可见，随着家庭可支配收入的持续增长，市民的出行需求不断增加且越显多元化。虽然本书仅在样本的时间区间内检验了城市空间形态能够通过交通便利性影响家庭消费，但是随着出行需求的进一步增加，城市空间形态对家庭消费的影响会越来越大。

6.6.2 收入效应与财富效应

紧凑的城市空间形态会带来更高的企业生产率，而要素效率的提高会反映到要素价格上。对于劳动者而言，其获得的工资收入可能受到城市空间形态的影响，并进一步影响到个人的消费。本书的基准结果［表6.3第（1）列］已经验证了可支配收入的增加，会显著提高家庭消费支出水平。因此，本书将验证这个链条的前半部分，即城市空间形态是否会影响个人收入。

考虑到城市空间形态对工资影响的异质性，本书在工资决定方程中引入空间形态与行业类型的交互项。表6.13给出了OLS和IV的结果。从第（2）列来看，城市空间形态紧凑性水平的提高，能够使工业行业和服务业行业劳动者的工资收入增加，系数分别在5%和10%的水平上显著。这验证了城市空间形态通过收入效应影响家庭消费的机制。

表6.13 城市空间形态与个人工资收入

被解释变量	(1) OLS	(2) IV
	对数个人工资收入	
Cohesion	0.000 (0.005)	0.002 (0.015)
工业行业	0.051 (0.034)	0.093 ** (0.046)
服务业行业	0.079 ** (0.035)	0.150 *** (0.046)
Cohesion×工业行业	−0.003 (0.002)	−0.008 ** (0.004)
Cohesion×服务业行业	−0.003 (0.002)	−0.010 *** (0.004)
对数城市面积	0.100 *** (0.038)	0.125 (0.103)
其他控制变量	控制	控制
城市固定效应	控制	控制
年份固定效应	控制	控制

表6.13(续)

被解释变量	(1) OLS	(2) IV
	对数个人工资收入	
样本个数	156 819	156 819
调整的 R^2	0.340	0.173
F 值	—	13.063

注：①检验了城市空间形态与个人收入的关系。

②其他控制变量包括家庭结构、户主性别、教育水平、婚姻状况、户籍状况和职业、城市人口规模、对数人均GDP。

③括号内的数值是聚类在城市层面的标准误。

④ $*$ 、 $**$ 、 $***$ 分别代表在10%、5%和1%的水平上显著。

财富效应是另一个需要考虑的机制。中国家庭的财富主要来自房产，住房价格的提高可能通过财富效应影响家庭的消费需求，且对于仅拥有一套住房和多套住房的家庭来说都可能存在影响。本书将验证紧凑的城市空间形态是否会因为具有便利性和舒适性，而使得该城市的平均房价更高。

本书收集了主要城市的平均房价数据，并将其作为被解释变量对城市空间形态进行回归分析，结果如表6.14所示。考虑到城市空间形态在模型中为内生变量，本书使用潜在的城市空间形态作为工具变量参与回归分析。无论是OLS还是IV的结果，城市空间形态的系数均不显著。笔者认为，这可能有以下两个原因：第一，在房价的决定因素当中，政府调控起了很大的作用，市场力量的作用反而较小，这导致城市空间形态的外部性无法体现在房价上。第二，城市空间形态对房价的影响在市内不同区域存在异质性，这也导致平均房价无法体现紧凑的城市空间形态的居住优势。总的来说，本书没有发现城市空间形态会通过财富效应影响家庭消费。

表6.14 城市空间形态与平均房价

被解释变量	(1) OLS	(2) IV
	平均房价	
Cohesion35	0.006 (0.004)	0.019 (0.027)
对数城市面积	−0.016 (0.042)	−0.101 (0.171)

表6.14(续)

被解释变量	(1) OLS	(2) IV
	平均房价	
对数人口规模	0.030 (0.034)	0.038 (0.038)
对数人均财政支出	0.050** (0.025)	0.061* (0.034)
人口增长率	0.003 (0.003)	0.003 (0.003)
城市固定效应	控制	控制
年份固定效应	控制	控制
样本个数	1 178	1 178
调整的 R^2	0.939	−0.012
F 值	—	19.526

注：①在城市层面检验了城市空间形态与房价的关系，第（1）列给出了 OLS 的结果，第（2）列给出了使用潜在的城市空间形态作为实际的空间形态的工具变量的结果。

②括号内的数值是聚类在城市层面的标准误。

③*、**、*** 分别代表在 10%、5% 和 1% 的水平上显著。

6.6.3 选择效应

选择效应和城市消费外部性起作用的方向相反。消费外部性是指形态紧凑的城市有利于本地居民消费支出的增加，而选择效应则是指消费水平较高的家庭选择在空间形态紧凑的城市定居，从而拉高了本地的消费水平。本书使用工具变量法排除了选择效应的影响，分析了紧凑的城市空间形态的消费外部性作用。分析结果表明，选择效应确实存在。Fallah 等（2011）认为，空间形态紧凑的城市便利的生活设施和丰富多样的消费品，对流动性较强和消费能力较强的高技能人才有着较大的吸引力，由此带来地区间人口分布的差异。一方面，第 5 章中的表 5.11 通过使用不同学历人口占比对城市空间形态进行回归分析，验证了空间形态紧凑的城市中高技能人才占比更高的结论。另一方面，表 6.3 的第（1）列结果显示，教育水平对家庭消费的边际效应显著为正，这表明高技能人才有更高的消费水平。因此，选择效应得到验证，高技能人才确实更倾向于居住在空间形态紧凑的城市。

6.7 本章小结

党的二十大报告指出："着力扩大内需，增强消费对经济发展的基础性作用和投资对优化供给结构的关键作用。"立足新发展阶段，增强消费对经济发展的基础性作用，是推动经济增长动力转换，实现经济提质增效，实现中国经济高质量发展的关键措施。

消费不仅是经济发展的动力，也是城市增长的动力（Glaeser et al.，2001）。本章从空间视角出发，研究城市空间形态紧凑性如何发挥对消费的促进作用。本章得到如下研究结论：第一，紧凑的城市空间形态有利于提升居民消费水平。模型的内生性问题可以通过工具变量来解决。在使用工具变量后，市内平均交通距离每缩短 1 千米，城镇家庭人均消费增加3.3%。第二，城市空间形态紧凑度变化对家庭消费的影响主要来自食品类和居住类的消费。第三，城市空间形态对家庭消费的影响在家庭收入和户主年龄中存在显著的异质性。随着收入水平的提高，城市空间形态紧凑性水平对家庭消费的影响显著下降。户主为中年人的家庭对城市空间形态紧凑度的变化更为敏感。第四，空间形态紧凑的城市通过影响交通便利性发挥正外部性作用。基于详细的交通支出数据，本章排除了紧凑城市的拥堵效应，发现紧凑的城市空间形态有利于提升居民的外出意愿。第五，空间形态紧凑的城市还通过收入效应影响消费行为。不过，本章没有发现紧凑城市的财富效应。

本章的研究结论对于提振消费、实现城市经济增长等有着重要作用。第一，在规划城市空间形态时，应避免往单一方向过度延伸，保持城市空间形态的紧凑度。第二，发挥城市中心作为消费中心的作用，改善城市中心的交通条件，有利于促进居民消费。第三，紧凑城市具有消费外部性，而高技能人才更偏向于居住在消费水平较高的城市。因此，地方政府应该为人才引进提供相应的保障和服务，包括改善居住环境、促进职住平衡、缓解交通拥堵、缩短通勤距离以及完善社会保障措施。

7 研究结论、政策建议与研究展望

本章首先厘清第 4~6 章中实证研究之间的联系，然后归纳本书的主要结论，最后提出政策建议与研究展望。

7.1 城市、生产和消费

空间经济学关注因生产和消费的前后关联导致的经济活动的集聚。生产环节和消费环节是经济活动的核心环节，这两个环节中也存在着生产和消费方面的外部性效应。处于工业化阶段的城市会集聚大量的工业企业，城市经济增长主要来自当地采矿业、制造业企业产出的增长。随着工业化的完成，居民收入水平有了很大的提升，人们对生活环境也有更高的要求。城市中商业的比重开始上升，工业的比重有所下降。城市的经济增长主要依靠消费拉动。

第 4 章使用工具变量进行回归分析，结果表明，紧凑的城市空间形态有利于经济增长。第 5 章和第 6 章通过紧凑城市对微观经济主体的影响来理解城市空间形态紧凑性发挥作用的微观机制。基于微观企业生产行为的证据表明，紧凑城市有利于企业生产率的提高，对应城市的生产外部性；基于微观家庭消费行为的研究表明，紧凑城市有利于居民消费的增加，对应城市的消费外部性。

那么，工业企业的生产和居民消费如何促进经济增长？在本书研究的制造业企业的总产值中，消费品制造业产值占总产值比重约为 60.4%，也就是说，大部分制造业企业的生产活动都和消费有关。在居民总消费支出中，消费品占比达 71.5%，意味着超过一半的消费支出用于购买消费品。

企业生产为消费活动提供了商品，居民消费的增加会反过来刺激企业扩大生产。以生产为代表的供给侧因素和以消费为代表的需求侧因素不仅能推动经济增长，还相互作用并形成合力共同推动经济增长。现有文献也支持"生产和消费能够相互影响，共同促进经济增长"的结论（欧阳志刚和彭方平，2018）。

在计算消费品制造业产值时，本书依照国家统计局对消费品制造业的定义，结合 2002 年《国民经济行业分类》中的四位数行业代码对制造业企业进行分类①。但是，由于部分行业的最终产品既能用于生产也可以直接被消费者购买，本书在计算消费品总产值时只能将这类行业全部排除，因此得到的消费品制造业产值占总产值的比重是一个下限值，真实值应大于 60.4%。随着人们生活水平的提高，消费品制造业产值占制造业总产值的比重还将提高。

总的来说，本书基于城市生产和消费外部性框架研究了城市空间形态的经济绩效，从生产和消费两个方面探究了城市空间形态起作用的微观机制。城市空间形态紧凑性对制造业企业生产的正面影响和对家庭消费的积极影响相互作用，使紧凑城市更有利于经济增长。

城市是生产和消费的聚合体。本书实证部分的研究既验证了城市的生产外部性，也发现了城市的消费外部性。对于城市的未来发展方向，本书还有三点说明。

第一，对于大城市而言，消费型城市是城市未来发展的方向。

在工业化初期，高效率的生产要求高水平的集聚。在这个阶段，生产是城市的主要功能，紧凑的城市空间形态主要起到促进生产的作用。工业集聚的重要性随着工业化的完成而逐渐降低，消费开始变得重要。随着通信技术的进步和交通基础设施的完善，工业运输成本已经大幅降低，交通成本对企业选址的影响也越来越小。但是，城市内部人员流动的边际成本

---

① 根据国家统计局的定义，消费品制造业包括：农副食品加工业（13）、食品制造业（14）、饮料制造业（15）、烟草制造业（16）、纺织业（17）、纺织服装、鞋、帽制造业（18）、皮革、毛皮、羽毛（绒）及其制造业（19）、木材加工及木、竹、藤、棕、草制品业（20）、家具制造业（21）、造纸及纸制品业（22）、印刷业和记录媒介的复制（23）、文教体育用品制造业（24）、工艺品及其他制造业（42）等行业。此外，还包括其他制造业行业中的家用器具细分行业，在此不再列举。但是，即便使用四位数行业代码进行分类，也无法区分某些行业如汽车整车制造、电子计算机整机制造等产品的最终用途。在本书的计算中，这些无法确定的行业没有被归类为消费品制造企业，因此本书计算的消费品制造业产值占所有制造业企业总产值的比重是被低估的。

（主要为边际时间成本）却越来越高。同时，随着收入的增加，人们对生活质量的要求也有所提高。紧凑的城市空间形态提高了居民收入水平，缩短了市内平均交通距离，降低了交通成本，既使人们有了消费能力，又为人们提供了消费环境，从现实性和可能性上增加了消费行为。这意味着空间形态紧凑的城市对人口有更大的吸引力，而空间形态不紧凑的城市可能面临收缩。消费者对城市发展的重要性已经大于生产者的重要性，消费型城市是未来城市的发展方向。

（2）对于中小城市而言，其要重视工业对城市发展的基础性作用。

从前面的分析中可知，收入是影响消费的重要因素。作为国民经济中的基础性产业和促进经济发展的驱动力量，工业生产在创造就业和提高居民收入水平方面发挥了关键作用。我国经济正是凭借世界最齐全的工业门类，成为全球经济发展的稳定器。相比于服务业，工业前期投入多、生产周期长、周转率较低，这使得工业行业的就业和收入也更加稳定。虽然从我国整体上来看，第三产业增加值占 GDP 比重已经远远超过第二产业[①]，但是 1952—2019 年第二产业对我国经济增长的贡献仍然大于第三产业（王弟海，2021）。此外，工业主要集中于大城市，中小城市的工业基础仍较为薄弱。在这种情况下，如果中小城市盲目发展成为消费型城市，会由于购买力不足而限制城市的发展。我国城市之间发展差异较大，消费型城市是大城市的发展方向，中小城市应该积极承接工业产业转移，打好工业基础，同时注重城市空间形态紧凑度，发挥紧凑城市对工业生产的积极作用。

（3）大城市可能兼具生产和消费的双重属性。

城市在产业升级的过程中，通常伴随着工业企业的大量外迁。从表面上看，城市的生产职能被弱化，紧凑城市的生产外部性作用降低。实际上，外迁到城郊地区的主要为重工业企业，高新技术企业仍占据着城市内部相对优势的区位。例如，微电子（芯片、集成电路等）制造企业、计算机制造企业、智能家电制造企业等仍选择布局在城市内部。高新技术企业有更高的产值，负担得起城市较高的租金，也更希望享受城市便捷的市内和城际交通条件。大城市中仍然集中了大量先进制造业，大城市的生产功能并没有真正被弱化。因此，大城市可能兼具生产和消费双重属性。

---

① 《中华人民共和国 2021 年国民经济和社会发展统计公报》显示，第二产业增加值比重为 39.4%，第三产业增加值比重为 53.3%。

7.2 主要研究结论

基于 DMSP/OLS 和 NPP-VIIRS 夜间灯光数据、城市统计年鉴数据、中国规模以上工业企业数据和城镇住户调查数据，本书使用固定效应模型、广义矩估计法、工具变量法对城市空间形态紧凑性的经济影响进行了量化分析，主要得出以下结论：

第一，本书通过测算中国 297 个城市的空间形态紧凑性，分析了城市空间形态的时空特征。从演变规律上看，1992—2020 年中国城市空间形态紧凑性水平先上升后下降并最终趋于稳定。从空间分布上看，空间形态紧凑的城市在空间分布上较为分散。大城市和小城市都可能呈现出紧凑的空间形态。

第二，为估计城市空间形态的经济影响，本书必须解决模型的内生性问题。本书利用早期的 Landsat 4-5 TM 遥感影像数据确定城市中心、1953—1990 年五次中国人口普查数据预测理想状态下城市扩张过程，并采用基于 DEM 高程数据的地表坡度栅格数据提取阻碍城市扩张的真实地形障碍，构造了外生的潜在的城市空间形态作为工具变量。城市扩张过程给予工具变量时间维度上的变化。实证结果表明，潜在的城市空间形态是实际的城市空间形态可靠的工具变量。

第三，紧凑的城市空间形态有利于经济增长。在城镇化快速推进的时期和城镇化高质量发展时期，紧凑城市的经济促进效应都存在。这表明，目前我国城市中集聚经济仍占据主导位置，经济要素的集中布局比分散布局更能促进经济增长。从数值上看，市内平均交通距离缩短 1 千米，城市人均 GDP 增加 3.2%。空间形态紧凑性作用的发挥依赖于城市规模和人口密度，城市人口密度增加和城市规模扩大都能促进紧凑城市发挥空间外部性作用。

第四，城市空间形态紧凑性对宏观经济增长的影响是通过影响微观经济主体来达成的。企业和家庭是重要的经济主体，生产行为和消费行为是经济活动的两个重要方面。要实现可持续的经济增长，从供给角度讲，需要增加要素投入并提高生产效率；从需求角度讲，要增加出口和扩大内需。然而，维持要素投入水平和出口水平是较为困难的。目前，我国全要素生产率还相对较低，而消费对经济的刺激作用也相对有限。本书通过实证分析发现，紧凑的城市空间形态对企业生产效率和家庭消费行为都存在积极的促进作用，以此来理解紧凑城市影响经济增长的微观途径。

第五，空间形态紧凑的城市为生产活动提供了正的外部性，具体表现为紧凑城市显著促进本地企业全要素生产率的提高。紧凑城市通过吸引高技能人才、促进企业进入来提高企业全要素生产率。没有证据证明城市空间形态通过影响创新行为来影响企业生产。从数值上看，市内平均交通距离缩短 1 千米，本地企业全要素生产率将提高 2.6%。城市空间形态的影响作用在不同企业和不同行业间存在明显的异质性。城市空间形态紧凑度提高对劳动密集型行业、资本密集型行业有显著影响，对技术密集型行业没有影响。中、小企业由于规模较小，对成本较为敏感，受到不紧凑的城市空间形态的负面影响也更大。此外，生产率高的企业倾向于布局在形态紧凑的城市中，表现出明显的选择效应。

第六，空间形态紧凑的城市为消费活动提供了正的外部性，表现为紧凑城市能够使本地居民消费支出增加。从数值上看，市内平均交通距离每减少 1 千米，城镇家庭人均消费增加 3.3%。本书排除了紧凑城市的拥挤效应，发现紧凑城市较短的出行距离有利于提升居民的外出意愿，增加消费机会，从而增加消费支出。另外，空间形态紧凑的城市还通过收入效应影响消费行为。城市空间形态变化对消费的影响主要来自购买食品和生活居住的消费项目。对收入较低的家庭和户主为中年人的家庭，不紧凑的城市空间形态所带来的负面影响更大。

7.3 政策建议

通过研究城市空间形态紧凑度对城市经济增长、企业生产效率和居民消费的影响效果和作用机制，本书对优化城市空间形态、促进要素合理配置、推动经济增长有如下政策建议：

第一，城市规划建设既要有前瞻性，也要注重科学性，量力而行。城市扩张的过程中，大部分并非呈现同心圆扩展，而是首先往某个方向或者几个方向上伸展，导致城市空间形态紧凑性有一个下降的过程。随着城市周边未开发的空间慢慢被填补，成熟的产业与社区逐渐形成，城市的紧凑性又上升到较高的水平。因此，要避免城市扩张以后，相应的未开发区域长期闲置导致城市的紧凑度在较长时间内保持在相对较低水平，带来经济效率下降的问题。过快的城市扩张仅能带来眼前的经济增长，但缺乏整体规划会让城市在未来付出更高的成本。

第二，要合理选择新城区的位置，在规划时就要规避不利地形因素的影响。地形上的障碍是城市在扩张中不能保持形态紧凑的重要原因。新建城市、城区选址尽量位于平原地区。在新城区扩张无法完全规避地形因素影响的时候，首先，应当权衡是否有能力承担自然地理条件不利因素带来的巨大交通基础设施投资的压力；其次，是在新城区规划中，必须全面系统地制定交通基础设施规划；最后，在新城区建设中，应当同步推进交通基础设施建设，避免不合理的交通基础设施建设导致新城区和老城区割裂开来，从而避免造成巨大的社会成本。

第三，城市规划和建设中要充分重视交通基础设施的作用。空间形态紧凑的城市有利于经济增长，其内在机理为：交通便利可以使企业生产效率提高并使家庭消费增加。因此，从城市空间形态来讲，一方面，规划为近圆形有更好的理论上的紧凑性；另一方面，完备的内部交通基础设施能为城市内部各区域人员和物资提供便利的交通条件，才能把理论上的空间形态的紧凑性转变为交通便利的现实性。对于多山地、河流的城市，应当把建设桥梁、隧道等交通设施作为城市建设的重点。

第四，兼顾大小城市，合理布局，建立区域协调发展的城市群。紧凑的城市空间形态并不意味着要限制城市规模，而是在相同规模下，避免让城市在一个方向上扩张过远的距离。实际上，一定的城市规模、产业规模和人口规模，是城市空间形态紧凑性发挥作用的基础。现有的大部分大城市，都还具有进一步扩张的能力。中国存在大量的地级市以及大量撤县设市而来的城市。许多县级市天生具有扩张的冲动，而没有相应人口和产业规模的支撑，再加上周边大城市强大的集聚作用带来的选择效应，中小城市的盲目扩张是缺乏基础的。地方政府应该结合区域核心城市的发展状况和产业结构，综合考虑区域内部中小城市的发展方向，实现城市功能、产业构成、人力资源等方面的互补，才能充分发挥紧凑性城市对经济的促进作用。

第五，谨慎规划和建设各种开发区和产业园。开发区和产业园往往是在城市外围规划建设的，实际上相当于城市在一个特定方向上的扩张，容易使城市空间形态紧凑性下降。开发区和产业园的规模越大，对城市紧凑度的影响就越大。在极端情况下，如果在外围新建开发区、产业园的规模相当于城市规模，则会对城市空间形态产生极大的影响。因此，地方政府在新建开发区和产业园时，必须考虑城市自身的实际情况，谨慎规划和建设。

第六，在城市空间规划过程中要注意协调土地与人口的关系。当前我国有很多城市"土地城镇化"快于"人的城镇化"。在这样的城市，即使空间形态紧凑也无法发挥对经济增长的正外部性作用。人是重要的生产要素，没有基础生产要素的投入，空间形态的外部性也没有发挥作用的条件。当前，部分城市人口流出增加和地方政府加速推动城市建设的矛盾仍然存在，这一对矛盾必须引起充分的重视。罔顾人口流失而推动城市扩张，空间形态紧凑度再高也不能激发城市经济的活力。当前，我国直辖市、省会城市、区域中心城市的集聚效应明显，不仅对于企业具有较强的选择效应，对于人口也有巨大的虹吸效应。中小城市不考虑人口流失的状况，而仅仅通过提高城市空间规划水平来追求经济增长，是不可行的。

第七，要实现城市空间规划与产业发展相结合，推动"产城融合"发展，要将"土地城市化""人的城市化""产业城市化"结合起来。空间形态紧凑性优势作用的发挥离不开实体经济的支撑。工业化是城市化的起因和重要推动因素。第二产业不仅是 GDP 的创造者，还通过满足消费者的需求间接影响 GDP 的增长。在第三产业迅速发展的今天，第二产业对经济增长的基础作用仍然不容忽视。而第三产业的发展，必然是以知识产权与信息技术创新相关的新型服务业为核心，这对于"人的城市化"显然也有更高的要求。

第八，建设消费型城市，加强对人才的吸引以促进经济增长。随着城镇化不断向纵深发展，如何吸引高学历、高技术人才，促进地方人力资本积累是重点考虑的问题之一。紧凑型城市不仅具有生产外部性，还具有消费外部性。建设消费型城市，并非规划建设更多的商厦、更大的商圈、更好的游乐设施和更便捷的交通这么简单，这些基础硬件仅仅提供了消费的可达性。消费便利性转换为现实性的关键因素是：消费者收入水平的提高。高素质的人才倾向于选择紧凑型城市，在收入和消费两方面都能够实现最大的效用。所以，孤立地制定一些吸引人才的政策，只具有短期效用。优惠政策的作用一旦结束，城市又会面临人才流出的风险。同时，我国企业的全要素生产率总体来说并不高，想要实现经济持续稳定的增长，必须提高企业生产对经济增长的贡献率。在 Robert Solow 的一项早期研究中，技术进步对美国人均收入的贡献率高达 80%（Solow，1957）。高水平的城市空间规划建设，能提高对高素质人才的吸引力，有助于逐步提高企业全要素生产率，实现更高水平的城市产业升级。

7.4　研究展望

虽然上述研究从多个角度深入研究了城市空间形态紧凑度的经济绩效，但是城市空间形态的经济影响值得讨论的问题还有很多。本书对这些问题进行的细致分析有利于进一步理解城镇化高质量发展背景下，城市空间特征对生产、生活的影响，并为城市规划和建设提供科学的政策建议。

首先，应该对城市空间形态的影响因素进行进一步研究，认清导致城市空间形态紧凑性下降、城市蔓延的原因，有利于从根源上避免不紧凑城市对宏观经济以及微观主体的负面影响。

其次，本书使用的城市空间形态指标反映了城市空间形态的紧凑性，这是城市空间特征的一个维度。除此之外，现有文献中还有城市规模、城市蔓延、单中心结构、多中心结构等反映城市空间特征的指标。城市空间形态紧凑度和这些城市特征指标之间有何关系，各种城市特征之间是否存在相互作用等，这些问题需要进一步研究来解答。

再次，本书在研究企业全要素生产率时选取的对象为工业企业，城市空间形态的外部性还可能存在于服务业企业中。服务业企业在生产过程、要素投入和交易过程等与工业企业有较大差异，城市空间形态起作用的机制也可能不同。因此，选取服务业企业样本重新讨论城市空间形态对其生产效率的影响也是未来值得探索的方向。

最后，在城市持续扩张的背景下，不同城市间市内交通的便利性水平有很大差异。目前，这类现象的研究数据较为缺乏，且市内交通便利性本身很难测量。实际上，由于人们越来越重视生活质量，交通便利的城市被认为具有消费外部性。因此，对于市内交通、城市通勤的研究是有价值的。

综上所述，本书关于城市空间形态经济绩效影响的研究，从空间形态紧凑性的角度出发，选取了城市经济增长、企业生产效率和居民消费三个方面进行分析，希望本书的研究结论有利于学界加深对城市空间外部性作用及其机制的理解。

参考文献

［1］保罗·克鲁格曼. 萧条经济学的回归［M］. 朱文晖，王玉清，译. 北京：中国人民大学出版社，1999.

［2］陈斌开，陆铭，钟宁桦. 户籍制约下的居民消费［J］. 经济研究，2010，45（1）：62-71.

［3］陈良文，杨开忠，沈体雁，等. 经济集聚密度与劳动生产率差异：基于北京市微观数据的实证研究［J］. 经济学（季刊），2009，8（1）：99-114.

［4］陈梦根，侯园园. 中国行业劳动投入和劳动生产率：2000—2018［J］. 经济研究，2021，56（5）：109-126.

［5］陈朴，林垚，刘凯. 全国统一大市场建设、资源配置效率与中国经济增长［J］. 经济研究，2021，56（6）：40-57.

［6］陈强远，钱学锋，李敬子. 中国大城市的企业生产率溢价之谜［J］. 经济研究，2016，51（3）：110-122.

［7］陈旭，秦蒙，刘修岩. 蔓延的城市结构是否损害了全要素生产率：基于中国制造业企业数据的实证研究［J］. 现代经济探讨，2018（7）：87-98.

［8］陈旭，邱斌. 多中心结构、市场整合与经济效率［J］. 经济学动态，2020（8）：70-87.

［9］程名望，贾晓佳，仇焕广. 中国经济增长（1978—2015）：灵感还是汗水？［J］. 经济研究，2019，54（7）：30-46.

［10］邓仲良，张可云. 中国经济增长的空间分异为何存在？：一个空间经济学的解释［J］. 经济研究，2020，55（4）：20-36.

［11］范剑勇，冯猛，李方文. 产业集聚与企业全要素生产率［J］. 世

界经济，2014，37（5）：51-73.

[12] 范剑勇. 产业集聚与地区间劳动生产率差异 [J]. 经济研究，2006（11）：72-81.

[13] 范子英，彭飞，刘冲. 政治关联与经济增长：基于卫星灯光数据的研究 [J]. 经济研究，2016，51（1）：114-126.

[14] 方创琳，祁巍锋，宋吉涛. 中国城市群紧凑度的综合测度分析 [J]. 地理学报，2008（10）：1011-1021.

[15] 方创琳，祁巍锋. 紧凑城市理念与测度研究进展及思考 [J]. 城市规划学刊，2007（4）：65-73.

[16] 干春晖，郑若谷，余典范. 中国产业结构变迁对经济增长和波动的影响 [J]. 经济研究，2011，46（5）：4-16，31.

[17] 郭广珍，刘瑞国，黄宗晔. 交通基础设施影响消费的经济增长模型 [J]. 经济研究，2019，54（3）：166-180.

[18] 郭庆旺，贾俊雪. 中国全要素生产率的估算：1979—2004 [J]. 经济研究，2005（6）：51-60.

[19] 郭晓丹，张军，吴利学. 城市规模、生产率优势与资源配置 [J]. 管理世界，2019，35（4）：77-89.

[20] 杭斌，余峰. 潜在流动性约束与城镇家庭消费 [J]. 统计研究，2018，35（7）：102-114.

[21] 黄永斌，董锁成，白永平. 中国城市紧凑度与城市效率关系的时空特征 [J]. 中国人口·资源与环境，2015，25（3）：64-73.

[22] 柯善咨，赵曜. 产业结构、城市规模与中国城市生产率 [J]. 经济研究，2014，49（4）：76-88，115.

[23] 雷潇雨，龚六堂. 城镇化对于居民消费率的影响：理论模型与实证分析 [J]. 经济研究，2014，49（6）：44-57.

[24] 李兵，郭冬梅，刘思勤. 城市规模、人口结构与不可贸易品多样性：基于"大众点评网"的大数据分析 [J]. 经济研究，2019，54（1）：150-164.

[25] 李健，夏帅伟. 中国特大城市紧凑度测度及多重效应相关分析 [J]. 城市发展研究，2016，23（11）：109-116.

[26] 李树，于文超. 幸福的社会网络效应：基于中国居民消费的经验研究 [J]. 经济研究，2020，55（6）：172-188.

［27］李晓萍，李平，吕大国，等. 经济集聚、选择效应与企业生产率［J］. 管理世界，2015（4）：25-37，51.

［28］梁婧，张庆华，龚六堂. 城市规模与劳动生产率：中国城市规模是否过小？：基于中国城市数据的研究［J］. 经济学（季刊），2015，14（3）：1053-1072.

［29］梁文泉，陆铭. 城市人力资本的分化：探索不同技能劳动者的互补和空间集聚［J］. 经济社会体制比较，2015（3）：185-197.

［30］林毅夫，向为，余淼杰. 区域型产业政策与企业生产率［J］. 经济学（季刊），2018，17（2）：781-800.

［31］刘冲，吴群锋，刘青. 交通基础设施、市场可达性与企业生产率：基于竞争和资源配置的视角［J］. 经济研究，2020，55（7）：140-158.

［32］刘穷志. 税收竞争、资本外流与投资环境改善：经济增长与收入公平分配并行路径研究［J］. 经济研究，2017，52（3）：61-75.

［33］刘瑞明，赵仁杰. 国家高新区推动了地区经济发展吗？：基于双重差分方法的验证［J］. 管理世界，2015（8）：30-38.

［34］刘小玄，李双杰. 制造业企业相对效率的度量和比较及其外生决定因素（2000—2004）［J］. 经济学（季刊），2008（3）：843-868.

［35］刘修岩，李松林，秦蒙. 城市空间结构与地区经济效率：兼论中国城镇化发展道路的模式选择［J］. 管理世界，2017（1）：51-64.

［36］刘修岩，秦蒙，李松林. 城市空间结构与劳动者工资收入［J］. 世界经济，2019，42（4）：123-148.

［37］刘智勇，李海峥，胡永远，等. 人力资本结构高级化与经济增长：兼论东中西部地区差距的形成和缩小［J］. 经济研究，2018，53（3）：50-63.

［38］柳获，尹恒. 企业全要素生产率估计新方法：全要素生产率估计的结构方法及其应用［J］. 经济学动态，2015（7）：136-148.

［39］鲁晓东，连玉君. 中国工业企业全要素生产率估计：1999—2007［J］. 经济学（季刊），2012，11（2）：541-558.

［40］陆铭. 建设用地使用权跨区域再配置：中国经济增长的新动力［J］. 世界经济，2011，34（1）：107-125.

［41］罗楚亮. 经济转轨、不确定性与城镇居民消费行为［J］. 经济研究，2004（4）：100-106.

［42］吕斌，孙婷. 低碳视角下城市空间形态紧凑度研究［J］. 地理研究，2013，32（6）：1057-1067.

［43］聂辉华，江艇，杨汝岱. 中国工业企业数据库的使用现状和潜在问题［J］. 世界经济，2012，35（5）：142-158.

［44］欧阳峣，傅元海，王松. 居民消费的规模效应及其演变机制［J］. 经济研究，2016，51（2）：56-68.

［45］欧阳志刚，彭方平. 双轮驱动下中国经济增长的共同趋势与相依周期［J］. 经济研究，2018，53（4）：32-46.

［46］潘竟虎，戴维丽. 1990—2010年中国主要城市空间形态变化特征［J］. 经济地理，2015，35（1）：44-52.

［47］皮亚彬，陈耀. 大国内部经济空间布局：区位、禀赋与一体化［J］. 经济学（季刊），2019，18（4）：1289-1310.

［48］秦蒙，刘修岩，李松林. 城市蔓延如何影响地区经济增长？：基于夜间灯光数据的研究［J］. 经济学（季刊），2019，18（2）：527-550.

［49］秦蒙，刘修岩. 城市蔓延是否带来了我国城市生产效率的损失？：基于夜间灯光数据的实证研究［J］. 财经研究，2015，41（7）：28-40.

［50］邵宜航，张朝阳，刘雅南，等. 社会分层结构与创新驱动的经济增长［J］. 经济研究，2018，53（5）：42-55.

［51］盛丹，张国峰. 两控区环境管制与企业全要素生产率增长［J］. 管理世界，2019，35（2）：24-42，198.

［52］舒元. 中国经济增长的国际比较［J］. 世界经济，1993（6）：29-34.

［53］苏红键，魏后凯. 密度效应、最优城市人口密度与集约型城镇化［J］. 中国工业经济，2013（10）：5-17.

［54］孙斌栋，金晓溪，林杰. 走向大中小城市协调发展的中国新型城镇化格局：1952年以来中国城市规模分布演化与影响因素［J］. 地理研究，2019，38（1）：75-84.

［55］孙斌栋，李琬. 城市规模分布的经济绩效：基于中国市域数据的实证研究［J］. 地理科学，2016，36（3）：328-334.

［56］孙伟增，邓筱莹，万广华. 住房租金与居民消费：效果、机制与不均等［J］. 经济研究，2020，55（12）：132-147.

［57］王弟海，陈理子，张晏. 我国教育水平提高对经济增长的贡献：

兼论公共部门工资溢价对我国教育回报率的影响［J］.财贸经济,2017,38（9）:129-145.

　　［58］王弟海.三次产业增长和产业价格结构变化对中国经济增长的影响:1952—2019年［J］.经济研究,2021,56（2）:22-38.

　　［59］王家庭,张俊韬.我国城市蔓延测度:基于35个大中城市面板数据的实证研究［J］.经济学家,2010（10）:56-63.

　　［60］王丽莉,乔雪.我国人口迁移成本、城市规模与生产率［J］.经济学（季刊）,2020,19（1）:165-188.

　　［61］王小鲁.中国经济增长的可持续性与制度变革［J］.经济研究,2000（7）:3-15,79.

　　［62］王新生,刘纪远,庄大方,等.中国特大城市空间形态变化的时空特征［J］.地理学报,2005（3）:392-400.

　　［63］王永进,张国峰.开发区生产率优势的来源:集聚效应还是选择效应?［J］.经济研究,2016,51（7）:58-71.

　　［64］魏守华,陈扬科,陆思桦.城市蔓延、多中心集聚与生产率［J］.中国工业经济,2016（8）:58-75.

　　［65］吴明琴,童碧如.产业集聚与企业全要素生产率:基于中国制造业的证据［J］.产经评论,2016,7（4）:30-44.

　　［66］席强敏,孙瑞东.市场邻近、供给邻近与企业生产率［J］.经济学（季刊）,2020,20（5）:277-298.

　　［67］徐康宁,陈丰龙,刘修岩.中国经济增长的真实性:基于全球夜间灯光数据的检验［J］.经济研究,2015,50（9）:17-29,57.

　　［68］宣烨,余泳泽.生产性服务业集聚对制造业企业全要素生产率提升研究:来自230个城市微观企业的证据［J］.数量经济技术经济研究,2017,34（2）:89-104.

　　［69］杨本建,黄海珊.城区人口密度、厚劳动力市场与开发区企业生产率［J］.中国工业经济,2018（8）:78-96.

　　［70］杨碧云,张凌霜,易行健.家庭服务性消费支出的决定因素:基于中国城镇住户调查数据的实证检验［J］.财贸经济,2014（6）:122-136.

　　［71］杨汝岱.中国制造业企业全要素生产率研究［J］.经济研究,2015,50（2）:61-74.

　　［72］叶昌东,周春山.中国特大城市空间形态演变研究［J］.地理与

地理信息科学, 2013, 29 (3): 70-75.

[73] 易纲, 樊纲, 李岩. 关于中国经济增长与全要素生产率的理论思考 [J]. 经济研究, 2003 (8): 13-20, 90.

[74] 于永达, 吕冰洋. 中国生产率争论: 方法的局限性和结论的不确定性 [J]. 清华大学学报 (哲学社会科学版), 2010, 25 (3): 141-153, 161.

[75] 余永定, 李军. 中国居民消费函数的理论与验证 [J]. 中国社会科学, 2000 (1): 123-133, 207.

[76] 张海峰, 姚先国, 张俊森. 教育质量对地区劳动生产率的影响 [J]. 经济研究, 2010, 45 (7): 57-67.

[77] 张浩然, 衣保中. 城市群空间结构特征与经济绩效: 来自中国的经验证据 [J]. 经济评论, 2012 (1): 42-47, 115.

[78] 章元, 王驹飞. 城市规模、通勤成本与居民储蓄率: 来自中国的证据 [J]. 世界经济, 2019, 42 (8): 25-49.

[79] 赵伟, 隋月红. 集聚类型、劳动力市场特征与工资—生产率差异 [J]. 经济研究, 2015, 50 (6): 33-45, 58.

[80] 郑玉歆. 全要素生产率的测度及经济增长方式的 "阶段性" 规律: 由东亚经济增长方式的争论谈起 [J]. 经济研究, 1999 (5): 57-62.

[81] 钟粤俊, 陆铭, 奚锡灿. 集聚与服务业发展: 基于人口空间分布的视角 [J]. 管理世界, 2020, 36 (11): 35-49.

[82] 朱沛华, 陈林. 工业增加值与全要素生产率估计: 基于中国制造业的拟蒙特卡洛实验 [J]. 中国工业经济, 2020 (7): 24-42.

[83] 邹红, 喻开志. 退休与城镇家庭消费: 基于断点回归设计的经验证据 [J]. 经济研究, 2015, 50 (1): 124-139.

[84] ABDEL-RAHMAN H. Product differentiation, monopolistic competition and city size [J]. Regional Science and Urban Economics, 1988, 18 (1): 69-86.

[85] ACEMOGLU D. Training and innovation in an imperfect labor market [J]. Review of Economic Studies, 1997, 64 (3): 445-464.

[86] ACKERBERG D A, CAVES K, FRAZER G. Identification properties of recent production function estimators [J]. Econometrica, 2015, 83 (6): 2411-2451.

[87] ADAMSON D W, CLARK D E, PARTRIDGE M D. Do urban agglomeration effects and household amenities have a skill bias? [J]. Journal of Regional Science, 2004, 44 (2): 201-224.

[88] AKCIGIT U, ATES S T. Ten facts on declining business dynamism and lessons from endogenous growth theory [J]. American Economic Journal: Macroeconomics, 2021, 13 (1): 257-298.

[89] ALDER S, SHAO L, ZILIBOTTI F. Economic reforms and industrial policy in a panel of Chinese cities [J]. Journal of Economic Growth, 2016, 21 (4): 305-349.

[90] ALONSO W. Urban zero population growth [J]. Daedalus, 1973 (109): 191-206.

[91] ANDERSSON M, LÖÖF H. Agglomeration and productivity: evidence from firm-level data [J]. The Annals of Regional Science, 2011, 46 (3): 601-620.

[92] ANGEL S, ARANGO FRANCO S A, LIU Y, et al. The shape compactness of urban footprints [J]. Progress in Planning, 2020, 139, 100429.

[93] ARNOTT R. Optimal city size in a spatial economy [J]. Journal of Urban Economics, 1979, 6 (1): 65-89.

[94] AU C, HENDERSON J V. Are Chinese cities too small? [J]. The Review of Economic Studies, 2006, 73 (3): 549-576.

[95] BALDWIN R E, OKUBO T. Heterogeneous firms, agglomeration and economic geography: spatial selection and sorting [J]. Journal of Economic Geography, 2006, 6 (3): 323-346.

[96] BARRO R J, SALA-I-MARTIN X. Economic growth [J]. New York: McGraw-Hill, 1995.

[97] BAUGH K, ELVIDGE C, TILOTTAMA G, et al. Development of a 2009 stable lights product using DMSP-OLS data [J]. Proceedings of the Asia-pacific Advanced Network, 2010 (30): 110-112.

[98] BAUM-SNOW N, BRANDT L, HENDERSON J V, et al. Roads, railroads, and decentralization of Chinese cities [J]. The Review of Economics and Statistics, 2017, 99 (3): 435-448.

[99] BEHRENS K, DURANTON G, ROBERT-NICOUD F. Productive

cities: sorting, selection, and agglomeration [J]. Journal of Political Economy, 2014, 122 (3): 507-553.

[100] BERRY S, WALDFOGEL J. Product quality and market size [J]. The Journal of Industrial Economics, 2010, 58 (1): 1-31.

[101] BERTAUD A. The spatial organization of cities: deliberate outcome or unforeseen consequence? [J]. IURD Working Paper Series, 2004.

[102] BLACK D, HENDERSON V. A theory of urban growth [J]. Journal of Political Economy, 1999, 107 (2): 252-284.

[103] BLEAKLEY H, LIN J. Thick-market effects and churning in the labor market: evidence from U.S. cities [J]. Journal of Urban Economics, 2012, 72: 87-103.

[104] BOYCE R R, CLARK W A V. The concept of shape in geography [J]. Geographical Review, 1964 (4): 561-572.

[105] BRANDT L, VAN BIESEBROECK J, ZHANG Y. Creative accounting or creative destruction? firm-level productivity growth in Chinese manufacturing [J]. Journal of Development Economics, 2012, 97 (2): 339-351.

[106] BRINKMAN J C. Congestion, agglomeration, and the structure of cities [J]. Journal of Urban Economics, 2016 (94): 13-31.

[107] BRUECKNER J K. Urban sprawl: diagnosis and remedies [J]. International Regional Science Review, 2020, 23 (2): 160-171.

[108] BRÜLHART M, SBERGAMI F. Agglomeration and growth: cross-country evidence [J]. Journal of Urban Economics, 2009, 65 (1): 48-63.

[109] BURCHFIELD M, OVERMAN H G, PUGA D, et al. Causes of sprawl: a portrait from space [J]. The Quarterly Journal of Economics, 2006, 121 (2): 587-633.

[110] CAMAGNI R, CAPELLO R, CARAGLIU A, et al. Dynamic agglomeration economies: spatial context and structural evolution behind urban growth [J]. Springer International Publishing, 2017, 227-259.

[111] CARLINO G, KERR W R, DURANTON G, et al. Chapter 6 - agglomeration and innovation. handbook of regional and urban economics [J]. Elsevier, 2015 (15): 349-404.

[112] CARRUTHERS J I, ÚLFARSSON G F. Does "smart Growth"

matter to public finance? [J]. Urban Studies, 2008, 45 (9): 1791-1823.

[113] CERVERO R, KOCKELMAN K. Travel demand and the 3ds: density, diversity, and design [J]. Transportation Research Part D: Transport and Environment, 1997, 2 (3): 199-219.

[114] CERVERO R. Efficient urbanisation: economic performance and the shape of the metropolis [J]. Urban Studies, 2001, 38 (10): 1651-1671.

[115] CHENERY H B. Patterns of industrial growth [J]. American Economic Review, 1960, 50 (3): 624-654.

[116] CHINITZ B. Contrasts in agglomeration: new york and pittsburgh [J]. The American Economic Review, 1961, 51 (2): 279-289.

[117] CICCONE A, HALL R E. Productivity and the density of economic activity [J]. The American Economic Review, 1996, 86 (1): 54-70.

[118] CLARK T N, LLOYD R, WONG K K, et al. Amenities drive urban growth [J]. Journal of Urban Affairs, 2002, 24 (5): 493-515.

[119] COMBES P, DURANTON G, GOBILLON L, et al. The productivity advantages of large cities: distinguishing agglomeration from firm selection [J]. Econometrica, 2012, 80 (6): 2543-2594.

[120] COSTA D, KAHN M. Power couples: changes in the locational choice of the college educated, 1940—1990 [J]. The Quarterly Journal of Economics, 2000 (115): 1287-1315.

[121] COUTURE V. Valuing the consumption benefits of urban density [J]. Working paper, 2016.

[122] CURTIS C C, LUGAUER S, MARK N C. Demographic patterns and household saving in China [J]. American Economic Journal: Macroeconomics, 2015, 7 (2): 58-94.

[123] DELA R, PUGA D. Learning by working in big cities [J]. The Review of Economic Studies, 2017, 84 (1): 106-142.

[124] DING C, WANG D, LIU C, et al. Exploring the influence of built environment on travel mode choice considering the mediating effects of car ownership and travel distance [J]. Transportation Research Part A: Policy and Practice, 2017, 100: 65-80.

[125] DIXIT A K, STIGLITZ J E. Monopolistic competition and optimum

product diversity [J]. The American Economic Review, 1977, 67 (3): 297-308.

[126] DONALDSON D, HORNBECK R. Railroads and American economic growth: a "market access" approach [J]. The Quarterly Journal of Economics, 2016, 131 (2): 799-858.

[127] DUESENBERRY J S. Income, saving and the theory of consumer behavior [J]. Harvard University Press, 1959.

[128] DUQUE J C, LOZANO-GRACIA N, PATINO J E, et al. Urban form and productivity: what shapes are Latin American cities? [J]. EPB: Urban Analytics and City Science, 2019 (12): 1-20.

[129] DURANTON G, PUGA D, HENDERSON J V, et al. Cities and geography [J]. Elsevier: 2004, 2063-2117.

[130] DURANTON G, PUGA D. Nursery cities: urban diversity, process innovation, and the life cycle of products [J]. American Economic Review, 2001, 91 (5): 1454-1477.

[131] DURANTON G, PUGA D. The economics of urban density [J]. Journal of Economic Perspectives, 2020 (34): 3-26.

[132] EECKHOUT J, PINHEIRO R, SCHMIDHEINY K. Spatial sorting [J]. Journal of Political Economy, 2014, 122 (3): 554-620.

[133] EID J, OVERMAN H, PUGA D, et al. Fat city: questioning the relationship between urban sprawl and obesity [J]. Journal of Urban Economics, 2008, 63 (2): 385-404.

[134] ELVIDGE C D, BAUGH K E, DIETZ J B, et al. Radiance calibration of DMSP-OLS low-light imaging data of human settlements [J]. Remote Sensing of Environment, 1999, 68 (1): 77-88.

[135] ELVIDGE C D, BAUGH K E, KIHN E A, et al. Relation between satellite observed visible-near infrared emissions, population, economic activity and electric power consumption [J]. International Journal of Remote Sensing, 1997b, 18 (6): 1373-1379.

[136] ELVIDGE C D, BAUGH K E, KIHN E A, et al. Mapping city lights with nighttime data from the DMSP operational linescan system [J]. Photogrammetric Engineering and Remote Sensing, 1997a, 63 (6): 727-734.

[137] ELVIDGE C D, BAUGH K, ZHIZHIN M, et al. Viirs night-time lights [J]. International Journal of Remote Sensing, 2017, 38 (21): 5860 -5879.

[138] ELVIDGE C D, CINZANO P, PETTIT D R, et al. The nightsat mission concept [J]. International Journal of Remote Sensing, 2007, 28 (12): 2645-2670.

[139] ELVIDGE C D, SUTTON P C, GHOSH T, et al. A global poverty map derived from satellite data [J]. Computers & Geosciences, 2009, 35 (8): 1652-1660.

[140] EWING R, CERVERO R. Travel and the built environment [J]. Journal of the American Planning Association, 2010, 76 (3): 265-294.

[141] FALLAH B N, PARTRIDGE M D, OLFERT M R. Urban sprawl and productivity: evidence from US metropolitan areas [J]. Papers in Regional Science, 2011 (90): 451-472.

[142] FRIEDMAN M. A theory of the consumption function, national bureau of economic research [M]. Princeton University Press, 1957.

[143] FROLOV Y S. Measuring the shape of geographical phenomena: a history of the issue [J]. Eurasian Geography & Economics, 1975 (10): 676-687.

[144] FU S H, ROSS S L. Wage premia in employment clusters: how important is worker heterogeneity? [J]. Journal of Labor Economics, 2012, 31 (2): 271-304.

[145] FUJITA M. A monopolistic competition model of spatial agglomeration: differentiated product approach [J]. Regional Science and Urban Economics, 1988, 18 (1): 87-124.

[146] GAN J. Housing wealth and consumption growth: evidence from a large panel of households [J]. The Review of Financial Studies, 2010, 23 (6): 2229-2267.

[147] GAREGNANI P, TREZZINI A. Cycles and growth: a source of demand-driven endogenous growth [J]. Review of Political Economy, 2010, 22 (1): 119-125.

[148] GLAESER E L, GOTTLIEB J D. Urban resurgence and the

consumer city [J]. Urban Studies, 2006, 43 (8): 1275-1299.

[149] GLAESER E L, KOHLHASE J E. Cities, regions and the decline of transport Costs [J]. Papers in Regional Science, 2004, 83 (1): 197-228.

[150] GLAESER E L, KOLKO J, SAIZ A. Consumer city [J]. Journal of Economic Geography, 2010, 1: 27-50.

[151] GLAESER E L. Are cities dying? [J]. Journal of Economic Perspectives, 1998, 12 (2): 139-160.

[152] GLAESER E, KAHN M. Sprawl and urban growth. Handbook of regional and urban economics [J]. Elsevier, 2004.

[153] GLAESER E, MARÉ D. Cities and skills [J]. Journal of Labor Economics, 2001, 19 (2): 316-342.

[154] GREENSTONE M, HORNBECK R, MORETTI E. Identifying agglomeration spillovers: evidence from winners and losers of large plant openings [J]. Journal of Political Economy, 2010, 118 (3): 536-598.

[155] HARARI M. Cities in bad shape: urban geometry in India [J]. American Economic Review, 2020, 110 (8): 2377-2421.

[156] HELSLEY R W, STRANGE W C. Matching and agglomeration economies in a system of cities [J]. Regional Science and Urban Economics, 1990, 20 (2): 189-212.

[157] HENDERSON J V THISSE, JACQUES FRANCOIS. Cities and Geography [J]. Elsevier, 2004: 2671-2711.

[158] HENDERSON J V, STOREYGARD A, WEIL D N. Measuring economic growth from outer space [J]. American Economic Review, 2012, 102 (2): 994-1028.

[159] HENDERSON J V. The sizes and types of cities [J]. American Economic Review, 1974, 64 (4): 640-656.

[160] HENDERSON M, YEH E, GONG P, et al. Validation of urban boundaries derived from global night-time satellite imagery [J]. International Journal of Remote Sensing, 2003 (24): 595-609.

[161] HESS D, ONG P. Traditional neighborhoods and auto ownership [J]. Transportation Research Record: Journal of the Transportation Research Board, 2002 (1805): 35-44.

［162］HOLMES T J. Scale of local production and city size ［J］. American Economic Review, 1999, 89 (2): 317-320.

［163］HOOVER E. Location theory and the shoe and leather industries ［M］. Harvard University Press, 1937

［164］HSIEH C, KLENOW P. Misallocation and manufacturing TFP in China and India ［J］. Quarterly Journal of Economics, 2009, 124: 1403-1448.

［165］HSU F, BAUGH K E, GHOSH T, et al. DMSP-OLS radiance calibrated nighttime lights time series with Intercalibration ［J］. Remote Sensing, 2015, 7 (2): 1855-1876.

［166］IMHOFF M, LAWRENCE W, STUTZER D, et al. A Technique for using composite dmsp/ols "city Lights" satellite data to map urban area ［J］. Remote Sensing of Environment, 1997 (61): 361-370.

［167］KLINE P, MORETTI E. Local economic development, agglomeration economies, and the big push: 100 years of evidence from the tennessee valley authority ［J］. The Quarterly Journal of Economics, 2014, 129 (1): 275-331.

［168］KNAAP G, DING C, HOPKINS L. Managing urban growth for the efficient use of public infrastructure: toward a theory of concurrency ［J］. International Regional Science Review, 2001 (24): 328-343.

［169］KRUGMAN P. Increasing returns and economic geography ［J］. Journal of Political Economy, 1999, 99 (3): 483-499.

［170］LEE B, GORDON P. Urban spatial structure and economic growth in US metropolitan areas ［J］. Working Paper 8564, USC Lusk Center for Real Estate, 2007.

［171］LEE B, GORDON P. Urban structure: its role in urban growth, net new business formation and industrial churn ［J］. Region et Developpement, 2010, 33: 137-159.

［172］LEE D R. A method of measuring shape ［J］. Geographical Review, 1970, 4: 555-563.

［173］LEE S. Ability Sorting and Consumer City ［J］. Journal of Urban Economics, 2010, 68 (1): 20-33.

［174］LEVINSOHN J, PETRIN A. Estimating production functions using inputs to control for unobservables ［J］. Review of Economic Studies, 2003, 70

（2）：317-341.

[175] LIN H, LI H, YANG C. Agglomeration and productivity: firm-level evidence from china's textile industry [J]. China Economic Review, 2011, 22 (3)：313-329.

[176] LIU Z, HE C, ZHANG Q, et al. Extracting the dynamics of urban expansion in China using DMSP-OLS nighttime light data from 1992 to 2008 [J]. Landscape and Urban Planning, 2012, 106 (1)：62-72.

[177] LLOYD R, CLARK T. The city as entertainment machine [J]. Research in Urban Sociology, 2001, 6：357-378.

[178] MA T, ZHOU C, PEI T, et al. Responses of suomi-npp viirs-derived nighttime lights to socioeconomic activity in China's cities [J]. Remote Sensing Letters, 2014 (5)：165-174.

[179] MACEACHREN A M. Compactness of geographic shape: comparison and evaluation of measures [J]. Geografiska Annaler, 1985, 1：53-67.

[180] MARSHALL A. Principles of Economics (8th Edition) [M]. Macmillan, 1920.

[181] MARTIN P, MAYER T, MAYNERIS F. Public support to clusters: a firm level study of french "local productive systems" [J]. Regional Science and Urban Economics, 2011, 41 (2)：108-123.

[182] MARTIN P, OTTAVIANO G I P. Growth and agglomeration [J]. International Economic Review, 2001, 42 (4)：947-968.

[183] MCCANN P. Sketching out a model of innovation, face-to-face interaction and economic geography [J]. Spatial Economic Analysis, 2007, 2 (2)：117-134.

[184] MEIJERS E J, BURGER M J, HOOGERBRUGGE M M. Borrowing size in networks of cities: city size, network connectivity and metropolitan functions in europe [J]. Papers in Regional Science, 2016, 95 (1)：181-198.

[185] MEIJERS E J, BURGER M. Spatial structure and productivity in US metropolitan areas [J]. Environment and Planning A, 2010 (42)：1383-1402.

[186] MILESI C, ELVIDGE C D, NEMANI R R, et al. Assessing the impact of urban land development on net primary productivity in the southeastern united states [J]. Remote Sensing of Environment, 2003, 86 (3)：401-410.

[187] MILLS E S. An aggregative model of resource allocation in a metropolitan area [J]. American Economic Review, 1967, 57 (2): 197-210.

[188] MODIGLIANI F. Fluctuations in the saving-income ratio: a problem in economic forecasting [J]. NBER Chapters, In: Studies in Income and Wealth. National Bureau of Economic Research, 1949 (11): 369-444.

[189] MORETTI E. Local labor markets. handbook of labor economics [M]. Amsterdam: Elsevier, 2011.

[190] MURPHY D. Home production, expenditure, and economic geography [J]. Regional Science and Urban Economics, 2018 (70): 112-126.

[191] OHLIN B. Interregional and international trade [M]. Harvard University Press, 1933.

[192] OLLEY G S, PAKES A. The dynamics of productivity in the telecommunications equipment industry [J]. Econometrica, 1996, 64 (6): 1263-1297.

[193] OUESLATI W, ALVANIDES S, GARROD G. Determinants of urban sprawl in european cities [J]. Urban Studies, 2015, 52 (9): 1594-1614.

[194] PARTRIDGE M D, RICKMAN D S, ALI K, et al. Lost in space: population growth in the American hinterlands and small cities [J]. Journal of Economic Geography, 2008, 8 (6): 727-757.

[195] PHELPS N, OZAWA T. Contrasts in agglomeration: proto-industrial, industrial and post-industrial forms compared [J]. Progress in Human Geography, 2003, 27: 583-604.

[196] ROSENTHAL S S, STRANGE W C, HENDERSON J V, et al. Cities and geography [J]. Elsevier, 2004, 2119-2171.

[197] ROSENTHAL S, STRANGE W. Agglomeration economics: small establishments/big effects: agglomeration, industrial organization and entrepreneurship [J]. Nber Book Chapters, 2011.

[198] SCHIFF N. Cities and product variety: evidence from restaurants [J]. Journal of Economic Geography, 2015, 15 (6): 1085-1123.

[199] SHAPIRO J. Smart cities: quality of life, productivity, and the growth effects of human capital [J]. The Review of Economics and Statistics,

2006 (88): 324-335.

[200] SHLOMO, ANGEI, JASON, et al. Ten compactness properties of circles: measuring shape in geography [J]. The Canadian Geographer / Le Géographe canadien, 2010 (54): 441-461.

[201] SOLOW R M. Change and the aggregate production function [J]. The Review of Economics and Statistics, 1957, 39 (3): 312-320.

[202] SUTTON P, ROBERTS D, ELVIDGE C, et al. Census from heaven: an estimate of the global human population using night-time satellite imagery [J]. International Journal of Remote Sensing, 2001, 22 (16): 3061-3076.

[203] SYVERSON C. What determines productivity? [J]. Journal of Economic Literature, 2011, 49 (2): 326-65.

[204] WALDFOGEL J. The median voter and the median consumer: local private goods and population composition [J]. Journal of Urban Economics, 2008, 63 (2): 567-582.

[205] WHEATON W C. A comparative static analysis of urban spatial structure [J]. Journal of Economic Theory, 1974, 9 (2): 223-237.

[206] XING C. Human capital and urbanization in the people's republic of China [R]. Working paper, 2016.

[207] YI K, TANI H, LI Q, et al. Mapping and evaluating the urbanization process in northeast China using DMSP/OLS nighttime light data [J]. Sensors, 2014, 14 (2): 3207-3226.

[208] YU H, LIU Y, ZHAO J, et al. Urban total factor productivity: does urban spatial structure matter in China? [J]. Sustainability, 2020, 12 (1): 214.

[209] ZHENG S, SUN W, WU J, et al. The birth of edge cities in China: measuring the effects of industrial parks policy [J]. Journal of Urban Economics, 2017 (100): 80-103.

[210] ZHOU Y, LI C, ZHENG W, et al. Identification of urban shrinkage using NPP-VIIRS nighttime light data at the county level in China [J]. Cities, 2021 (118): 103-373.